Matthias Stührwoldt

Bauernparty

und andere Geschichten
aus dem Birkenland

Für Birte...

...und all die anderen,
die mich berührt haben.

Inhalt

Auf der anderen Seite des Zauns

Alle Rinder scheinen es zu wissen: Das Gras auf der anderen Seite des Zauns schmeckt immer besser als jenes auf der eigenen Seite. Wie oft sieht man Rinder am Zaun stehen, unter dem Zaun hindurch fressend, immer darauf bedacht, keinen Stromschlag zu kriegen, wenn es sich um einen Elektrozaun handelt, oder bei einem gewöhnlichen Dreifachstacheldrahtzaun den Kopf zwischen den Drähten hindurch gefädelt, die Drähte dehnend, bis ein Stachel sich dann doch schmerzhaft ins Fleisch drückt.

Es war ein früher Morgen. Mein Mitarbeiter war im Melkstand am Melken, und ich saß im Pickup-Truck, um meine tägliche Kontrollfahrt ins Moor zu unternehmen, Tiere zählen, Euterentwicklung kontrollieren, Tränken überprüfen. Auf dem Weg zur Weide hörte ich Radio. Im Deutschlandfunk lief eine Reportage über Bauern an der Elbe, die im Hochwasser alles, aber auch alles verloren hatten. Einer, den sie zu interviewen versuchten, war nicht zu verstehen. Die Stimme brach ihm weg, und augenblicklich schossen mir Tränen in die Augen, so sehr berührte mich das Schicksal dieses Bauern. So lange ich über so etwas heulen kann, dachte ich, bin ich noch nicht kalt wie ein Stein. Ich musste mir erst mal den Ärmel durchs Gesicht wischen, um überhaupt weiter fahren zu können.

Dann kam ich im Moor an. Eines meiner Jungtiere, das ich schon öfter auf der anderen Seite des
Zaunes hatte fressen sehen, war durchgegangen. Der
altersschwache Mittelzaun war unter der Dehnung
des Rinderhalses gerissen, und das Jungtier war
durch den Zaun gestiegen, um endlich ganz in Ruhe
das wirklich leckere Gras des Nachbarn zu fressen.
Wie immer hatte ich einen Eimer Getreideschrot zum
Anlocken der Tiere sowie blaues Strohband zum not-
dürftigen Flicken des Zaunes dabei. Ich verschloss
also zunächst einmal die Lücke im Zaun, wobei mich
alle Jungtiere – die auf der Weide und jenes außerhalb des Zaunes – neugierig beäugten.

Dann holte ich den Eimer Schrot aus dem Pickup
und lockte das ausgebrochene Jungtier zum Hecktor.
Bereitwillig und gierig lief es auf dem Feldweg hinter
mir her, während auf der anderen Seite des Zaunes
die Jungtierherde ebenfalls in unsere Richtung lief.
Am Hecktor angekommen, hatte ich nun ein Problem.
Würde ich das Tor öffnen, so konnte ich mir sicher
sein, dass alle Jungtiere in Nullkommanix in gieriger
Erwartung des Getreideschrotes aus dem Feld auf den
Feldweg strömen würden, und statt alle Tiere auf der
Weide hätte ich dann alle Tiere auf dem Feldweg. Nun
hätte ich also zu zweit sein müssen. Aber ich war nicht
zu zweit. Ich konnte nicht gleichzeitig die Tiere auf der
Weide zurück halten und das ausgebrochene Jungrind
hinauf locken.

Ich guckte mich um und horchte. Ich hörte einen
Trecker. Tatsächlich, der Feldnachbar war schon dabei,
seine Moorwiesen für die Pferde zu mähen. Ich kipp-

te dem Jungtier ein wenig Schrot hin, damit es nicht weg liefe, und rannte zum Nachbarfeld, dem Kollegen winkend. Er sah mich sofort und steuerte auf mich zu. „Moin!" rief er vom luftgefederten Treckersitz zu mir herunter: „Brauchst du Hilfe?" „Jop", antwortete ich, „ich müsste mal zu zweit sein!" Er lachte, stieg vom Trecker und kam mit mir zur Weide. Ohne dass ich es ihm erklären musste, wusste er, was zu tun war. Wer jemals – so wie ich – des Nachts versucht hat, gemeinsam mit drei Polizisten einige ausgebrochene Rinder (die im Übrigen noch nicht einmal meine waren) zu ihrer Weide zurück zu treiben, weiß das zu schätzen. Mein Feldnachbar ist kein Polizist; er ist Bauer. Ein Blick, und er ging schnurstracks auf das Hecktor zu, öffnete es und hielt die Jungtiere auf der Weide winkend und gestikulierend auf Abstand, während ich das abtrünnige Tier durch das Heckloch lockte, den Eimer Schrot in der Hand. Den verteilte ich nun für alle. Zufrieden standen die Tiere und fraßen; ich verschloss das Hecktor und bedankte mich. „Keine Ursache", sagte der Nachbar, „ich bin gerne zu zweit!"

„Ich geb mal einen aus!", rief ich ihm hinterher, während er zu seinem Trecker zurück ging, weiter mähen. Wie schön, dass er gerade in der Nähe war, dachte ich bei mir. Manchmal ist es doch gut, dass man nicht alleine ist auf dieser Welt.

Stehen und gucken

Du meine Güte
sind die wild
dachte ich
als ich neulich
auf meiner Moorwiese stand
um nach meinem Jungvieh zu sehen

in einem weiten Kreis
immer genug Abstand haltend
liefen sie um mich herum
stets auf der Hut
wachsam
zur Flucht bereit
aber neugierig
trotz allem

ich blieb stehen
und guckte
reglos und still

es dauerte nicht lange
und alles änderte sich

ich begann
meinen Atem zu hören
den weichen Boden unter meinen Füßen zu spüren
den würzigen Duft des Moores zu riechen
die Wolken beim Zug über den Himmel zu beobachten
die Autobahn zu vergessen
da zu sein

in konzentrischen Kreisen
kam das Jungvieh immer näher an mich heran
stets auf der Hut
wachsam
aber neugierig
trotz allem

und ich stand und guckte
reglos und still

bis das erste Jungtier auf mich zutrat
den Hals lang machte
und mich zu beschnuppern begann

andere folgte seinem Beispiel
und bald stand ich
inmitten der Herde
von allen Seiten beschnuppert
von rauen Zungen beleckt
reglos und still
freute ich mich

so zähmt man wildes Jungvieh
dachte ich

ich sollte mir öfter die Zeit nehmen und
stehen und gucken
das ist die Hauptsache

einfach nur
stehen und gucken

Das erste Silofahren

Am 1. Juli 1998 übernahm ich von meinen Eltern den Hof. Vadder und Mudder zogen an jenem Tag ins neu erbaute Altenteil – 2,7 Kilometer entfernt – und die Liebste und ich stürmten mit unseren damals vier Kindern das Bauernhaus. Wir renovierten und lebten gleichzeitig in unserem neuen Heim. Viele Freunde halfen uns. Es war eine anstrengende, aber auch eine gute Zeit. Wir waren jung und wir hatten so viel Kraft.

Meine Eltern hatten sich gerade erst damit abgefunden, dass Birte nun meine Frau war. Obwohl die Liebste und ich schon sieben Jahre lang verheiratet waren, empfanden Vadder und Mudder es immer noch als Makel, dass Birte weder von einem Bauernhof kam noch Ländliche Hauswirtschaft gelernt hatte. Kurz vor der Hofübergabe hatten sie noch einmal versucht, Birte und mich dazu zu bewegen, Gütertrennung zu vereinbaren; denn sie fürchteten, der Hof würde über den Jordan gehen, sollten Birte und ich uns trennen, was in ihren Augen ohnehin nur eine Frage der Zeit zu sein schien. Wir lehnten ab. Ich regte mich fürchterlich auf und schrie, entweder sie würden mir den Hof geben oder eben nicht, an unserem Güterstand würden Birte und ich nichts ändern. Wir könnten, so rief ich, auch anderswo leben. Ich pokerte hoch. Aber mir war klar, dass ich den Rest meines Lebens mit Birte verbringen wollte. Und nicht mit meinen Eltern. Ich kannte zu viele Bauern, deren Frauen in einem zähen Stellungs-krieg von der älteren Generation zermürbt wurden. Ir-gendwann packten sie die Sachen, und der Bauer war mit den Alten allein. So wollte ich nicht enden.

Meine Eltern wünschten sich sehr, dass es mit dem Hof weiter ging. Schließlich akzeptierten sie mich als Hofnachfolger und – zähneknirschend – auch Birte als meine Frau. Sie zogen aufs Altenteil und halfen, wo sie konnten. Täglich war ich ihnen dankbar dafür. Und täglich freute ich mich, dass das Altenteil nicht auf dem Hof, sondern zweitausendsiebenhundert Meter ent-fernt lag. Denn natürlich gab es im Alltag Reibereien, und natürlich waren Birte und ich niemals gut genug. Vor allem meine Mutter fühlte sich mit 63 Jahren noch nicht reif fürs Altenteil. Nach dem Umzug verfiel sie in eine jahrelange Depression, aus der sie sich nur ganz allmählich zu befreien vermochte.

Ich weiß noch genau, wie es war, als auf unserem Hof das erste Silofahren nach der Hofübernahme stattfand. Birte hatte sich bereit erklärt, für uns alle zu kochen, und das mit den kleinen Kindern an der Backe – Marie war fünf, Nora und Peer drei Jahre und Carla vier Monate alt. Und wir Silofahrer wa-ren zu siebt: zwei Ladewagenfahrer, ein Kehrer, zwei Schwader, ein Walzer, ein Kantenhochforker.

Natürlich traute meine Mutter der in ihren Augen so landwirtschaftsfremden Birte nicht im geringsten zu, mittags ein angemessenes Silofahreressen auf den Tisch zu kriegen. Ihre Schreckensvision unseres Mit-tagessens sah vermutlich folgendermaßen aus: Die fleißigen Arbeiter würden rein kommen, einen Blick auf den ungenießbaren Fraß werfen, den Birte ihnen aufgetischt hatte, auf der Ferse kehrt machen und total sauer nach Hause fahren, woraufhin mein Vater und ich allein über Wochen den Rest der Arbeit erledigen müssten. Damit das nicht geschähe, hatte Mudder im Altenteil ein komplettes Alternativmittagessen gekocht, welches sie – mit alten Wolldecken sorgsam warmgehalten – im Kofferraum ihres alten Mercedes 190 D verstaut hatte. Zur Mittagszeit fuhr sie wie zufällig bei uns auf den Hof, Essen auf Rädern, sozusagen. Sie musste allerdings feststellen, dass wir schon gegessen hatten. Es hatte allen gut geschmeckt; alle waren satt geworden, und ein wenig traurig fuhr Mudder wieder heim. Vadder musste dann eine geschlagene Woche lang auf den aufgewärmten Resten dieses Kofferraumessens herumkauen.

Schon beim zweiten Silofahren konstituierte sich stillschweigend eine Arbeitsteilung, die anhielt, bis Mudder vor etwa einem Jahr mit dem Autofahren aufhörte: Birte sorgte fürs Mittagessen, meine Mutter buk zwei Bleche Kuchen fürs Kaffeetrinken am Nachmittag.

Wenn Mudder mit den Kuchenblechen in unsere Küche kam, versuchte ich immer, vor ihr dort zu sein, um eine köstliche Szene nicht zu verpassen, die zu einer Art Running Gag unserer Hofübergabehistorie geworden war.

Es hatte Mudder damals sehr gekränkt, dass wir ihre Einbauküche nicht übernehmen wollten. Auf die war sie sehr stolz gewesen, und sie meinte, sie – die Küche – sei noch gut in Schuss gewesen. Aber Birte meinte damals, unsere Küche würde dann immer die Küche meiner Mutter bleiben; wir müssten sie umbauen, um zu demonstrieren, dass dies nun unser Zuhause sei. Wie fast immer hatte Birte recht, und erst mit der neuen Küche wurde das Bauernhaus zu unserem Heim. Mudder allerdings versuchte lange Zeit, das zu ignorieren, und wenn sie am Silofahrertag in unsere Küche kam, um die Kuchen aufzuschneiden, dann stellte sie die Bleche auf dem Esstisch ab und ging zu jener Stelle, an der sich einst in ihrer Küche die Schublade mit Tortenhebern und Kuchenmessern befunden hatte, öffnete an ähnlicher Stelle die Schublade in unserer Küche, blickte hinein, stellte fest, dass sich darin etwas ganz anderes befand, und rief mit ehrlicher Empörung: „Ihr habt ja alles umgeräumt!" Und dann lachte sie. Es hat lange gedauert, aber am Ende konnte sie darüber lachen.

Und ich lachte auch. Schade, dass diese Zeit vorbei ist. Für immer.

Nordwestjütland

Vom Auto aus sehe ich
alle paar Kilometer
links und rechts neben der Landstraße
verlassene Gehöfte liegen

Backsteinhäuser mit löchrigen Dächern
eingestürzten Dachstühlen
die Fenster
dunkle Löcher nur
erinnern an die leeren Augen eines Toten

nebenan Ställe und Schuppen
windzerfetzt und morsch
verwittern sie
ihrem Verschwinden entgegen

weit und breit
keine Menschen zu sehen
hier oben
weit ab vom Schuss
kommt kein reicher Hamburger
um sich einen Resthof zu kaufen
und aufzuhübschen
zu kalter Pracht

also stehen die Ruinen
stille Zeugen des Niedergangs
einer bäuerlichen Landwirtschaft

überall in Europa
aber nicht überall so gut zu sehen
wie hier
im einsamen Nordwesten Dänemarks

ob der Bauer noch lebt
frage ich mich
und wie es wohl war für ihn
zum letzten Mal zu melken
sein letztes Tier zu verkaufen und
zu wissen
nach mir ist Schluss

ob seine Gummistiefel noch dort stehen
zwischen Stall und Haus
ob er noch da hängt
an einem Viehstrick aus Nylon
vom morschen Balken des Dachstuhls

frage ich mich
während ich an den riesigen Mastställen
desjenigen vorbei fahre
der übrig geblieben ist

inmitten der Nordseeluft
plötzlich ein Gestank
der mir die Kehle zuschnürt und
mein Herz wird eng

Die Treibjagd

Es fällt mir nicht leicht, aber ich gebe es zu: Ja, als Kind liebte ich es, an Treibjagden teilzunehmen. Nicht als Jäger, nicht als Wild, nein, als Treiber.

Besonders gern erinnere ich mich an die Treibjagden auf dem Gutshof. Die fanden immer an einem der Adventssonntage statt, meist an nebligen grauen Tagen, trocken, aber trostlos. Aus heutiger Sicht waren das seltsam feudale Veranstaltungen. Der Gutsherr jagte mit seinen reichen Industriellenfreunden, während die Bauern des Dorfes, welche im Sommer Stroh vom Gutshof bekamen und dafür gewisse Frondienste zu übernehmen hatten, und deren Söhne ihnen das Wild zutrieben. Natürlich noch ohne diese neonfarbenen Warnwesten für Weicheier, nein, gut getarnt in Bundeswehrparkas, mit grünen Hüten oder Mützen auf. Damals galt: Wer nicht versehentlich erlegt werden wollte, sollte nicht zu sehr aussehen wie ein Wildschwein und sich vor allem nicht so benehmen. Grunzend alleine über das Feld zu laufen, wie aufgescheucht durch den Tross der Treiber, würde den sicheren Tod bedeuten. Solche Scherze, das bleute Vadder mir wieder und wieder ein, hatte ich tunlichst zu unterlassen. „Wenn du dot büst", sagte er, „wat schall ik hüüt nahmeddag denn Mudder seggen? Un wer schall denn de Köh fuddern?" Es war also immer ein Hauch von Gefahr dabei, ein Nervenkitzel.

Nur einmal schien am Tag der Treibjagd die Sonne. Es war ein kalter, klarer Sonntag im Dezember. In der Woche zuvor hatte es einen Schneesturm gegeben; der Ostwind – aus Russland, wie Vadder sagte, den Wind schickt der Iwan – hatte den Schnee zu bizarren Verwehungen geformt. Danach war es sehr kalt geworden; jetzt schien die Sonne, unsere Atemwolken glitzerten im Winterlicht; der Schnodder gefror beim Einatmen in der Nase, um beim Ausatmen wieder aufzutauen.

Um neun Uhr, nachdem alle Bauern zuhause das Vieh versorgt hatten, war Treffen auf dem Gutshof. Die Männer – Treibjagden waren damals rein männliche Veranstaltungen – waren guter Stimmung. Sie schnackten und scherzten. Männergespräche. Es ging ums Saufen und ums Ficken. Wenn man sie so erzählen hörte, war klar, dass jeder den größten hatte. Wir Jungs verstanden nicht alles, worüber sie redeten, aber wir taten so als ob. Wir gehörten dazu; wir waren dabei. Echte Männer, nur kleiner, ohne Bauch und Glatze. Die sollten erst später kommen. Irgendwann blies ein Jagdhornbläser eine Fanfare, dann ergriff der Gutsherr das Wort. Er begrüßte alle, klärte über den Verlauf der Jagd auf, wünschte den Jägern Waidmannsheil und uns Treibern, das wir überleben würden, haha, kleiner Scherz. Dann ging es los. Die Jäger fuhren in verschiedenen Geländewagen fort; wir Treiber wurden von einem Obertreiber auf einen mit Tannenzweigen geschmückten, mit Strohballen als Sitzgelegenheiten ausgestatteten Viehwagen gepfercht und zu einem Waldstück gefahren.

Dort angekommen, erhielten wir letzte Instruktionen, dann gingen wir in einer langen Reihe durch den Wald, schlugen mit Stöckern aufs Unterholz und riefen laut: „Haas! Haas! Haas!", wieder und wieder, als beherrschten wir nur dieses eine Wort einer seltsam rudimentären Sprache. Außerhalb des Waldes hatten sich die Jäger postiert, und wenn wir einen Hasen aufgescheucht hatten, der in Panik über die Wiese floh, dann freute ich mich. Haken schlagend rannte er ziellos herum, bis ein lauter Knall ertönte und eine unsichtbare Kraft den Hasen mitten aus der Bewegung riss. In einer irgendwie faszinierenden Choreographie des Todes stürzte er, überschlug sich wild zappelnd, bis er schließlich liegen blieb und der Schnee um ihn herum sich blutrot zu verfärben begann. Dann kam schon ein hyperaktiver adliger Terrier angerannt, um zu apportieren, und ich fand das nicht fies, ich fand das gerecht. Hasen waren da, um geschossen zu werden und hinterher in einer langen Reihe, die man dann Strecke nannte, auf dem Gutshof herum zu liegen, blutig, mit glasigen Augen.

Auf der Fahrt zur Mittagspause mussten wir Treiber den Viehwagen mit den erlegten Tieren teilen, und dann kam das schönste überhaupt: die Erbsensuppe. Die Wagenremise des Gutshofes war ebenso geschmückt wie der Viehwagen, und aus einem fahrbaren Kessel, den ich so ähnlich schon einmal auf einer Straßenbaustelle gesehen hatte, wurde die leckerste Erbsensuppe serviert, die ich mir vorstellen konnte, mit ordentlich Fleisch darin. Die Männer scherzten wieder und schnackten übers Saufen und über das andere; ich holte mir Suppe. Mindestens vier Teller schaufelte ich in mich hinein, dann ging es weiter.

Am frühen Nachmittag trieben wir durch das Moor, in welchem sich die Wildschweine versteckten.

Eigentlich kannte ich mich hier bestens aus; das Land hatten meine Eltern gepachtet, aber der Schnee hatte das Moor in eine gleichförmige Ebene verwandelt; die Gräben waren zugeweht und nicht mehr zu erkennen, jedenfalls nicht für meine Kinderaugen. Plötzlich gab der Schnee unter mir nach; ich brach durch die verharschte Schneedecke. Wahrscheinlich hatte der unkontrollierte Konsum von Erbsensuppe mich zu schwer gemacht. Mit einem Mal stand ich bis zur Hüfte im eiskalten Wasser des Grabens. Ich schrie, wie ich noch nie geschrien hatte, solche Panik hatte ich und so weh tat das kalte Wasser. Schon kamen die Männer und zogen mich raus. Kurz wurde beratschlagt, was zu tun sei. Ich wollte schon, das hatte ich in einem Western gesehen, sagen: „Lasst mich nur hier zurück. Ohne mich könnt ihr es schaffen." Da nahm Vadder mich auf den Arm und trug mich quer durchs Moor zu dem Trecker mit dem Viehwagen. Mein kleiner, dicker Vater war so unglaublich stark; er trug mich den ganzen Weg. Am Trecker angekommen – es war ein Schlüter; die Gutshöfe fuhren damals ausschließlich Schlüter – sprach Vadder kurz mit dem Fahrer, der auf dem Trecker wartete. Er bat ihn, mich nach Hause zu bringen. Zum ersten Mal in meinem Leben durfte ich auf einem Schlüter mitfahren, zum ersten Mal auf einem Trecker mit Kabine! Der Fahrer zog die Schiebetür auf; ich setzte mich auf den Beifahrersitz und hatte das kalte Wasser fast schon vergessen. Wir fuhren los, und ich genoss die Aussicht, während Vadder zu den anderen Treibern zurück ging, allein, über die Koppel. Ich hoffte, keiner der Jäger würde ihn für ein Wildschwein halten.

Als wir auf unserem Hof ankamen, gab mir der Fahrer zum Trost noch ein kleines Marzipanbrot, das er in der Jackentasche gehabt hatte. Mudder war sehr besorgt und half mir aus den nassen Klamotten. Sie hatte den Ofen in der Stube schon angeheizt und bettete mich unter der weichen Wolldecke auf dem Sofa. Ohne dass ich darum bitten musste, schaltete sie den Fernseher an. Es gab Catweazle. Wie alle Kinder liebte ich Catweazle. Mudder brachte mir noch heiße Milch mit Honig; ich aß Marzipan; ich guckte Catweazle. Mir wurde wieder warm. Ein perfekter Sonntagnachmittag. Besser als Weihnachten, so viel war klar. Kein elendes Warten auf eine viel zu späte Bescherung, und dann kriegte man doch nicht, was man wollte.

Von Zeit zu Zeit pupste ich unter die Wolldecke. Dann schnupperte ich. Exzellenter Erbsensuppenpups, entstanden aus der leckersten Erbsensuppe der Welt, mit ordentlich Fleisch darin, gekocht in einem Teerkessel vom Straßenbau. Lächelnd schlief ich ein, satt und zufrieden und wohlig warm.

Von wegen blöde Kühe

Von wegen blöde Kühe
dachte ich
als ich beim morgendlichen Kühe Holen
zwei Schwarzbunte
unabhängig voneinander
dabei beobachtete
wie sie genau dort
wo die kratzigen Büsche der Autobahnböschung
über den Viehzaun wuchern
in Trab verfallend
sich Richtung Zaun drückten
um sich ohne großen Aufwand
en passant
das Fell zu scheuern

unwillkürlich musste ich lächeln
das waren keine blöden Kühe
das war Absicht

Ein Glück, trotz allem

In all jenen Jahren, in welchen meine Kühe im Sommer nur tagsüber auf die Weide durften und die Nächte im Stall zubrachten, in all jenen Jahren wussten meine Kühe gar nicht, was sie verpassten. Und ich wusste auch nicht, was ich verpasste. Nein, ich dachte sogar, ich hätte es gut, weil ich nicht in aller Frühe raus musste, um die Kühe in den Stall zu holen. Ich konnte direkt in den Stall gehen, und ich dachte, das sei praktisch.

Dann kam ein Sommer, in dem mir die Futtervorräte zum nächtlichen Zufüttern im Stall ausgingen. Es gab kein Silo, kein Heu, nicht einmal mehr Stroh. Aber ich hatte den sechseinhalb Hektar großen Acker am Hof zur Weidefläche umgewandelt, und eines Abends im Juli 2009 war es soweit: Ich öffnete die Stalltüren und ließ die Kühe laufen, über Nacht, mit einem leicht mulmigen Gefühl im Bauch. So dicht an der Autobahn fragt man sich ja manchmal, ob die Kühe den Zaun auch im Dunkeln respektieren. Als ich spätabends noch einmal auf den Hof ging, um zu pinkeln und nach den Kühen zu gucken, da sah ich ihre dunklen Umrisse vor dem rötlichen nordischen Sommernachthimmel friedlich grasen. Es sah wunderschön aus, wirklich wunderschön. Es fehlte nicht viel, und ich hätte vor Rührung geheult. Meine Kühe. Da gehören sie hin. Auf die Weide, dachte ich, im Sommer, auch in der Nacht.

Am nächsten Morgen frische Luft im Stall, die Türen offen, die PVC-Streifen am Durchschlupf wehten im Wind. Ich nahm mir den unvermeidlichen Schaufelstiel als Hirtenstab und ging zur Weide, um die Kühe zu holen. Langsam stapfte ich durchs taunasse Gras. Meine Schritte zeichneten eine dunkle Linie vom Stall bis zur Koppel, dorthin, wo die Kühe waren. In kleinen Gruppen, zu Freundschaften zusammengefasst, lagen sie still beisammen und käuten wieder, und wieder griff mir ein Gefühl der Rührung ans Herz, und die Augen wurden mir feucht, so als sei meine Blase gleich dahinter.

Das ist nun mehr als vier Jahre her. Es ist nicht leicht mit dem Hof, und es wird immer schwerer. Von fünfzig Milchkühen zu leben ist einfach unmöglich. Das ist ein Skandal, finde ich, und hätte ich kein zusätzliches Einkommen, dann wäre ich längst kein Bauer mehr. Aber ich bin Bauer. Milchbauer. Beim Melken kommen mir die besten Ideen für neue Geschichten, und ich glaube, man merkt meinen Geschichten an, dass sie Milchbauerngeschichten sind. Sie sind gewissermaßen ermolken, ermolken aus einem Alltag zwischen Idylle, Hektik, Wiederkäuern und Existenzängsten, und das Leben, mein Leben ist immer alles: schön und scheiße, gut und schlecht, lustig und traurig. So ist es, und ich kann mir nicht vorstellen, wie es anders zu ertragen wäre.

Vor diesem Hintergrund war es eine meiner besseren Entscheidungen, die Kühe nachts raus zu lassen. Morgens nach einem ersten Kaffee erst mal raus zu gehen und die Kühe zu holen – nun ja, es ist der perfekte Start in den Tag. So stapfe ich über die Weide, atme die Luft des frühen Morgens und bedaure all die Tausende von Autofahrern, die nebenan auf der Autobahn zu ihren Arbeitsstellen fahren. Ich bin wach; der Tau kühlt mir die Füße, und mein Kopf wird frei, frei für die Schönheit, die vor mir auf der Weide liegt und wiederkäut.

Üblicherweise grasen die Kühe am Abend lange, zunächst in der Dämmerung, dann in der Dunkelheit. In streifigen Formationen ziehen sie langsam über die hügelige Weide, bis sie sich gegen Morgen niederlassen, meist in den schon beschriebenen Freundschaftsgrüppchen, zu siebt oder zu acht, sternförmig angeordnet, die Köpfe einander zugewandt käuen sie wieder, als gäbe es nichts auf der Welt, was sie aus ihrer Ruhe bringen könnte. In kaum einem Stall, auch einem modernen Liegeboxenlaufstall nicht, können Kühe sich so zueinander gesellen, wie sie es auf der Weide tun. Und wenn sie da so liegen, wünschte ich manchmal, ich würde dazu gehören, einfach da liegen und wiederkäuen, ohne Sorgen, nur da sein, sonst nichts.

Heute morgen lagen die Kühe auffallend anders, in der ganzen Herde beisammen. Fast alle hatten die Köpfe oben und käuten wieder, aber vier Kühe hatten die Köpfe an ihren Rumpf geklappt und ins Gras gelegt. Keine Ahnung, ob sie nachts noch gemeinsam feiern gewesen waren; jedenfalls schliefen sie tief und fest. Nacheinander ging ich zu ihnen, ganz leise, und strich ihnen, um sie aufzuwecken, sanft und vorsichtig übers Filet. Ihre Reaktion war immer gleich: Sie erwachten, erschraken erst und wollten aufspringen, aber ich sprach ruhig und leise mit ihnen, und sie dachten: „Ach, das ist nur der Bauer, mit den starken Händen, größer als die Füße seiner Frau..." Gemächlich standen sie auf, schissen erst mal, gingen langsam, langsam, nur nicht zu schnell Richtung Stall und hatten keine Ahnung, wie glücklich sie mich machen, dort auf der Weide, in jenem Augenblick.

Meine Kühe: sie machen mich jeden Tag ein bisschen ärmer, aber reicher machen sie mich auch, jeden Tag ein bisschen. Ich möchte sie nicht missen.

Paris (Nummer eins)

Wir haben es tatsächlich geschafft
du und ich
wir sind in Paris
für drei Tage

drei Tage lang
keine Kita
keine Kühe
keine Klepper
keine Köter und auch
keine Kinder

nur du und ich
und Paris
die Stadt der Liebe

und weißt du was?

scheiß auf den Eiffelturm
scheiß auf die Champs Elysees
scheiß auf den Louvre
auf die Tuilerien und
scheiß auch auf Notre Dame

das einzige
was in Paris wirklich wichtig ist
bist du
auf dem Hotelbett

sind wir
gemeinsam

auf dem Hotelbett

Paris (Nummer zwei)

Ebenso wie Paris
möchte ich auch die anderen Metropolen
kennen lernen

London Barcelona
Wien Prag Rom
Brüssel Amsterdam
St. Petersburg
Stockholm Oslo Helsinki
aber auch New York L.A.
Chicago Toronto
Neumünster
und all die anderen

gemeinsam mit dir

auf dem Hotelbett

ich freu mich drauf

Ein warmes Erntebier

Es war ein Sommer der Freiheit für mich. Ich war einundzwanzig Jahre alt und hatte gerade meine landwirtschaftliche Lehre abgeschlossen. Gleich danach fing mein Zivildienst an, damals noch zwanzig Monate lang, in einer Kindertagesstätte für behinderte und nichtbehinderte Kinder. Ich betreute einen kleinen Autisten, und ich war dort bereits der Frau meines Lebens begegnet. Allerdings wusste ich zu dem Zeitpunkt noch nichts davon. Ich war Zivi, sie Praktikantin. Ich fand sie anziehend, ja. Aber ich fand viele Frauen anziehend. Dass ich keine zwei Jahre später mit dieser Frau verheiratet sein würde – hätte mir das damals jemand prophezeit, ich hätte ihn für verrückt erklärt.

Ich war in die leer stehende Altenteilerkate meiner Großeltern eingezogen. Anderthalb Jahre zuvor war mein Opa gestorben, und meine Eltern hatten meine Oma, damals achtzig Jahre alt, zu sich ins Haus geholt. Einmal in der Woche hatten sie Oma dann für einen Nachmittag zur Kate gebracht. Sie heizte dann immer ordentlich ein und saß für den Rest des Tages am Stubentisch, starrte vor sich hin, knetete ihre gichtigen Finger, seufzte wieder und wieder etwas wie: „Hach ja!" und betrauerte ihren Mann, mit dem sie fünfundfünfzig Jahre verheiratet gewesen war und mit dem sie fünfundzwanzig Jahre lang in dieser Kate gelebt hatte. Das Einheizen tat sie aber für mich; denn ich hatte angekündigt, nach meiner Lehre in der Kate wohnen zu wollen, und ein Haus, das nicht geheizt wird, fällt schneller zusammen, als man gucken kann, hatte Opa immer gesagt.

Als ich anfing zu renovieren, hatte es in dem winzig kleinen Haus noch nach einer Mischung aus Muff und Oma und Opa gerochen, aber mit der frischen Farbe änderte sich das. Zum ersten Mal in meinem Leben wohnte ich allein. Zweitausendsiebenhundert Meter entfernt vom Hof meiner Eltern, zweihundert Meter von den nächsten Nachbarn. Ich konnte Musik hören, so laut ich wollte. Ich war frei. In der Kita geregelte Arbeitszeiten, ab und zu ein wenig helfen in der Landwirtschaft, aber bloß nicht zu viel. Ersetzbar bleiben, das wollte ich. Meinen Eltern helfen, so dass sie sich freuten, wenn ich kam, aber nicht so viel, dass sie mit mir rechneten und sich infolgedessen ärgerten, wenn ich einmal nicht kam.

Ansonsten hatte ich Zeit. Einige Wochen zuvor hatte Katrin, die Liebe meiner Lehrlingszeit, mir gesagt, dass sie einen anderen heiraten wolle. Das war schlimm gewesen, aber schon nach wenigen Tagen hatte ich im Auto meiner Eltern auf NDR 1 Welle Nord einen Ohrwurm aufgeschnappt, der mir nicht mehr aus dem Kopf gehen wollte. Es war Udo Jürgens, der sang: „Und immer immer wieder geht die Sonne auf, und Dunkelheit für immer gibt es nicht, die gibt es nicht", und nachdem ich es mir immer wieder vorgesungen hatte, begann ich endlich, es zu glauben. Es ging weiter, es begann, wieder schön und hell zu werden, und ich fing wieder an, das Leben zu genießen. Ich hörte

Musik, schrieb Tagebuch, las alles, was ich in die Finger bekam, traf Freunde und Freundinnen und ging schwimmen. Vor allem ging ich schwimmen. Meist alleine, manchmal zu zweit, aber immer nackt. Ich fühlte mich so frei, da sollte alles schwingen können. Und es schwang. Manchmal begleiteten Freundinnen aus meiner Schulzeit, Mareike, Birgit, Anita oder Carina. Mit keiner von ihnen lief etwas, aber wir schwammen zusammen. Nackt. Sie sahen alle unterschiedlich aus, aber alle waren schön, jede für sich auf ihre eigene Weise. Vier Frauen, acht Brüste. Alle verschieden, und alle wunderbar, wie ich möglichst unauffällig aus den Augenwinkeln zu bemerken nicht vermeiden konnte. Offen auf Busen zu starren, das wollte ich mir nicht nachsagen lassen, so ein Schwein war ich nicht. Aber gucken tat ich gerne. Und ich erinnere mich genau, wie ich nach dem Schwimmen mit Carina nackt am Ufer saß und beobachtete, wie die Sonne durch das windbewegte Erlenlaub ein Spiel aus Licht und Schatten auf ihre samtige Haut zauberte, und ich dachte bei mir: „Das hier werde ich nie vergessen." Ich sollte Recht behalten.

Zwei Dinge hatte ich mir für den Rest des Sommers vorgenommen. Ich wollte in jedem See des Kreises Plön – und das sind einige – schwimmen, und ich wollte bis zum ersten Oktober an jedem Tag ins Wasser. Egal wo, nur ein natürliches, unbeheiztes Gewässer musste es sein. Schließlich war ich kein Weichei. Statt Weichei dachte ich damals: Stadtmensch.

Beide Vorhaben waren nicht einfach einzuhalten. Es war nicht so leicht festzustellen, wie viele Seen es im Kreis Plön überhaupt gab. Da gab es schon Unklarheiten der Definition. Welches Gewässer war noch ein Teich, welches schon ein See? Ich beschloss, alles, was „See" hieß, sei auch einer. Ich kam bei meiner Zählung auf zweiundfünfzig. Das sollte zu schaffen sein.

Ein größeres Problem war das Wetter. Ende August gab es zunächst den heftigsten Sommersturm aller Zeiten. Ich war im strömenden Regen in den Holzschuppen gegangen, um erstmals die Öfen der Kate anzuheizen, und als ich wieder hinaus kam, sah ich über mir einen gewaltigen Schatten. Ich blickte nach oben und sah das Blechdach der Feldscheune des Nachbarn in einem Stück mit einem leisen Sirren durch die Luft segeln. Es flog über die Kate hinweg und stürzte dahinter auf das Stoppelfeld, auf dem es mit einem irren Getöse zerbröselte. Wie wild geworden flogen die Bleche hinfort. Man fand sie später noch Kilometer weiter. Der Sturm drückte all das Wasser aus der Kieler Förde, so dass die Fähren nach Dänemark, Schweden und Norwegen nicht anlegen konnten. Stattdessen kreuzten sie vor der Förde, und die Passagiere wurden mit allem, was die Duty-Free-Shops an Bord so hergaben, bis zum Nachlassen des Windes durchgefüttert.

Nach dem Sturm war die Temperatur um zehn Grad gefallen, und das kältere Wasser der tieferen Schichten der Seen war nach oben gewälzt worden. Mit einem Mal wurde das Schwimmen wirklich ungemütlich. Alles an mir zog sich zurück, aber ich wollte es durchziehen. Ich schwamm weiter. Jeden Tag eine atemlose Minute in dem arschkalten Wasser. Längst war ich alleine an den Seen. Einen nach dem anderen hakte ich in meiner langen Liste ab. Es war eine einsame, fast zwanghafte Beschäftigung geworden. Kein Busen weit und breit. Ich kam mir schon reichlich bescheuert vor. Vier Wochen lang regnete es fast jeden Tag. So stellte ich mir eine subtropische Regenzeit vor. Nur dass es hier kälter war.

Ende September schlug das Wetter wieder um, und mit einem Mal gab es doch noch so etwas wie einen Altweibersommer. Morgens glänzte der Schein der schon tiefer stehenden Sonne im nassen Gras, und tausende von Spinnen hatten ihre Netze in den Tau gewebt. Das schon ganz grau gewordene, überreife Getreide, welches vor dem Sturm noch nicht gedroschen worden war, konnte nun doch noch geerntet werden, und manchmal sah man die Bauern, die während der Schlechtwetterperiode ständig mit irren Blicken ungeduldig in den Himmel gestarrt hatten, schon wieder lächeln.

Es kam der erste Oktober. Es war ein Sonntag. Vormittags hatte ich im Dorf auf dem Bolzplatz Fußball gespielt, mit der gemischten Fußballergruppe, die es nur bei uns im Dorf gab, mit Leuten zwischen zehn und dreiundsiebzig, die nichts anderes verband als die Liebe zum Sport. Mittags hatte ich bei meinen Eltern gegessen und anschließend Kaffee getrunken. Dann fuhr ich mit dem Rad seit einigen Tagen erstmals wieder an den Stolper See, unseren See, um ein letztes Mal zu schwimmen und also mein beklopptes Vorhaben endlich abzuschließen. Zuletzt hatte ich gekniffen – es war mir tatsächlich zu kalt geworden – aber ich wollte wenigstens sagen können, ich habe im Oktober noch gebadet, eisenhart, ein Naturbursche, wie man ihn sich vorstellt.

Danach hatte ich ein gutes Gefühl, wie immer nach dem Schwimmen. Je kälter das Wasser, desto wärmer wurde mir hinterher, wenn ich wieder in den trockenen Klamotten steckte. Der Körper heizte kräftig, und ich spürte das Leben in mir, kraftvoll und hell. Ich fuhr mit dem Rad zurück in Richtung meiner Kate, da sah ich Werner. Werner, den Kleinbauern, Werner, den ewigen Junggesellen. Er war am Stroh aufladen. Wie immer war er der letzte; denn schließlich war er allein, und einer allein schafft nicht so viel. Für einen Augenblick sah ich ihm zu. Werner. Genauso ein Spinner wie ich. Allein und, ebenso wie am See, weit und breit kein Busen zu sehen. Außer bei Werner selbst. Er hatte ganz schön Holz vor der Hütte.

Während ich an Werners Acker vorbei radelte, beobachtete ich ihn bei der Arbeit. Stroh fahren ganz allein war ein mühsames Geschäft. Die Ballen lagen schon gepresst auf dem Acker, und Werner fuhr mit Trecker und Gitterwagen von Ballen zu Ballen, sprang vom Trecker, griff sich die Forke, stakte zwei, drei Ballen auf, legte die Forke auf den Anhänger, kletterte auf den Fahrersitz, fuhr zu den nächsten paar Ballen, sprang vom Trecker, griff sich die Forke, stakte auf, legte die Forke zurück, kletterte auf den Fahrersitz, und so weiter, und so fort. Vom Fahrrad aus bewunderte ich Werner für seine Zähigkeit. Er zog sein Ding durch, ohne zu klagen. Er tat einfach seine Arbeit, in seiner Zeit, an seinem Ort. Das imponierte mir.

Ich hielt an. Ich war jung; ich hatte nichts Besonderes vor; ich konnte mit einer Forke umgehen. Ich stellte das Fahrrad ab, lief zum Anhänger, rief „Moin!", griff mir die Forke und fing an aufzustaken. Werner erschrak zunächst, dann antwortete er. „Moin! Wat denn nu?" Er sprach immer Platt. „Ik hölp di!", rief ich. Mehr Worte brauchten wir nicht. Werner blieb auf dem Trecker, ich warf die Ballen auf den Anhänger. Es ging schnell; wir brauchten nur einen Bruchteil der Zeit, die er allein benötigt hätte, mit all dem Auf- und Absteigen. Nicht lange, und der letzte Ballen flog durch den Spätnachmittagshimmel auf den Anhänger. Werner stellte den Trecker aus. Er freute sich. „Danke! Wat krichst du darför?" „Gor nix!", antwortete ich. Wir standen auf dem Hügel, auf dem Werners Acker lag, blickten über den See, die tiefer sinkende Sonne im Rücken. Plötzlich sagte Werner: „Dat weer de letzte Hänger. Nu gifft dat Erntebeer!"

Das war auf jedem Bauernhof so, in jedem Jahr. Nach der letzten Erntearbeit – und Stroh fahren am 1. Oktober war definitiv die letzte Erntearbeit – gab es Erntebier. Werner hatte es sogar dabei. Er nahm zwei bauchige Flaschen Bier aus einer Stofftasche, die neben dem Lenkrad des Treckers vom Blinkerhebel baumelte. Er nahm sich eine, die andere gab er mir. Sie waren ziemlich lau, von der Wärme des Treckermotors durchströmt. „Beten warm...", gab Werner zu: „Aver Prost Erntebeer!" „Prost!", antwortete ich.

So standen wir, blickten auf den See und tranken warmes Bier. Die Arbeit war getan. Ich musste lachen. Mein Bruder machte sich oft ein Bier warm, gegen

Erkältung. Sein Hausmittel; er schwor darauf. Nun trank ich auch zum ersten Mal ein warmes Bier. Ich war zwar nicht erkältet, aber vielleicht half es ja auch vorbeugend.

Bald hatten wir die Biere aus. Werner kletterte auf den Trecker, ließ ihn an und verabschiedete sich. „Velen Dank nochmol. Un seh to!" „Seh to.", antwortete ich, blieb stehen und blickte ihm hinterher, während er davon fuhr. Dann schnupperte ich unauffällig an meiner Achsel. Ich hatte geschwitzt, und auf meinen Armen lag ein wenig Staub vom Stroh. Lächelnd setzte ich mich aufs Fahrrad und fuhr noch einmal zum See, um ein allerletztes Mal zu schwimmen. Schließlich musste der Dreck wieder runter.

Herrenwochenende

Einmal im Jahr treffen wir uns
für ein Wochenende
sechs alte Freunde aus Jugendtagen

es ist schön

wir sitzen ums Feuer
essen und reden und
trinken und reden

über Gott und die Welt und
Brüste und alles

irgendwann sagt Marc

für mich hat sich eigentlich nichts geändert
eher im Gegenteil

und ich muss lachen

man nehme
einen Abend
sechs Männer und
vier Kisten Bier

manchmal kommt große Philosophie
dabei heraus

Endlich erwachsen

So richtig erwachsen zu werden, ist für viele Bauern ja schwerer als für die Normalbevölkerung. Ist ja auch schwierig, sich von seinen Eltern abzugrenzen, wenn man sie ständig vor der Nase hat. Solange die Alten auf dem Hof mitarbeiten, ist man in deren Bewusstsein ohnehin immer nur der kleine Junge und bestenfalls mithelfendes Familienmitglied, und manch einer wartet ja noch mit sechzig darauf, dass die greisen Eltern ihm endlich den Hof überschreiben.

Ich bin jetzt fünfundvierzig Jahre alt, seit zweiundzwanzig Jahren verheiratet, und die Liebste und ich haben fünf Kinder, von denen die Älteste in diesem Jahr zwanzig geworden ist. Trotzdem habe ich erst seit wenigen Monaten das Gefühl, nun endlich erwachsen zu sein.

Meine Eltern haben noch lange auf dem Hof mitgearbeitet, als sie schon auf dem Altenteil waren. Für ihre Hilfe war ich immer sehr dankbar. Das Altenteil unseres Hofes ist zweitausendsiebenhundert Meter vom Hof entfernt, und ich finde, das ist eine ideale Entfernung zwischen den Generationen. Wir sind dicht beieinander, aber wir gehen uns nicht zu sehr auf die Nerven. Wenn meine Eltern zum Arbeiten kamen, dann taten sie dies mit ihrem Rentnerauto, einem A-Klasse Mercedes mit Automatik.

Das ist jetzt vorbei. Mudder und Vadder sind jetzt beide Ende siebzig. Vadder zog sich vor drei Jahren zurück, weil die Gesundheit nicht mehr mitspielte. Danach kam Mudder noch fast täglich morgens vorbei, um mit mir gemeinsam zu melken. Wir beide haben diese Zeit sehr genossen. Wir haben uns ein ganzes Stück aneinander ran gemolken, in diesen unzähligen Morgenstunden, bei Kaffee mit Milch, Schnackerei und Neckerei im Melkstand, und ich hatte eigentlich noch nie zuvor ein so gutes Verhältnis zu meiner Mutter. Trotzdem blieb ich doch irgendwie immer ihr kleiner Schietbütel, und es fiel mir äußerst schwer, die morgendliche Melkzeit gegen den Widerstand von Mudder von viertel vor sechs auf sieben Uhr zu verschieben. Oh, was gab das für ein Gezeter! „Wir melken seit vierhundert Jahren um viertel vor sechs, da kannst du jetzt nicht einfach kommen und alles umschmeißen!" Aber ich ging irgendwann einfach nicht mehr so früh raus, und Mudder konnte nicht mehr alleine melken. Also kam sie fortan – unter täglichem Protest – um kurz vor sieben, nicht ohne zumindest einmal täglich mein faules Lotterleben scharf zu kritisieren. Aber ich bin an hundertzwanzig Abenden im Jahr unterwegs und selten vor Mitternacht zuhause. Und ich bin Chef. Also galt fortan: Melken um sieben, wenn die Kinder und die Liebste schon aus dem Haus sind, auf dem Weg zur Schule oder zur Arbeit.

Wenn Birte und die Kinder am Wochenende dann morgens länger liegen bleiben konnten, habe ich das auch getan. Am Wochenende stand ich auf, wenn der A-Klasse Mercedes auf den Hof gerollt kam, um fünf bis sieben Minuten später mit Mudder im Melkstand zu stehen. Wenn ich nicht aufstand, weil ich müde oder verkatert war und mich noch einmal umgedreht hatte, dann klopfte Mudder neun bis elf Minuten später ans Schlafzimmerfenster und bölkte von draußen: „Maddi! Was ist los! Bist du tot oder warum stehst du nicht auf?" Und einmal hatte ich vergessen, die Haustür abzuschließen, da stand Mudder dreizehn Minuten später in Gummistiefeln und Melkerschürze vor meinem Bett und bölkte mich an. So will niemand aufgeweckt werden, so viel ist mal klar.

Seit Sommer letzten Jahres kommt nun auch Mudder nicht mehr zum Melken. Sie würde liebend gerne; sie hatte nie etwas anderes als die Arbeit, aber es ging einfach nicht mehr. Ihre Melkerschürze hängt noch vor dem Melkstand, aber sie wird sie nicht mehr anziehen. Und vor wenigen Wochen bin ich morgens seitdem zum ersten Mal länger liegen geblieben. Die Liebste und ich waren auf einer Silvesterfeier gewesen und erst um vier Uhr im Bett. Pünktlich um viertel vor sieben wachte ich auf, ging pinkeln, entschied, dass es gefühlt viel zu früh sei, und legte mich wieder hin. Als ich das nächste Mal aufwachte, war es zehn vor neun, und niemand hatte mich angebölkt. Ich stand auf, ging mit den Hunden raus, fütterte die Pferde, kochte mir einen Kaffee und ging in den Melkstand. Um fünf vor halb zehn fing ich an zu melken. Selten zuvor hatte ich mich so erwachsen gefühlt.

Als ich gegen Mittag mit Melken und Füttern fertig war, rief ich bei meinen Eltern an, um ihnen ein gutes neues Jahr zu wünschen. Mudder fragte, was ich so mache, und ich sagte, dass ich gerade mit der Stallarbeit fertig sei. „Ja, so ist das", sagte Mudder, „Weihnachten oder Neujahr, da geht die Melkmaschine kaputt!" Und ich erwiderte, es sei nichts kaputt gewesen, ich hätte einfach nur etwas zu lange geschlafen. Mudder war entsetzt. Ich konnte durchs Telefon sehen, wie sie den Kopf schüttelte. So etwas Schlimmes hatte sie in vierhundert Jahren Melkerkarriere nicht erlebt. Ich musste lächeln. Keine Frage, ich war erwachsen. Trotzdem freute ich mich wie ein Kind, wie ein trotziges Kind. „Frohes neues Jahr, Mudder!", sagte ich. „Jaja!", antwortete sie. Und was „Jaja!" heißt, das weiß man ja.

Empörung

Als der neugewählte Funktionär
des sogenannten Bauernverbandes
während des Antrittsinterviews
mit der Redaktion des Regionalblattes
auf das Höfesterben angesprochen wurde
sagte er
(wenn man der Zeitung glauben darf)

„Jeder Hof, der aufgibt,
ist eine Chance für den,
der weiter macht."

Punkt

nichts weiter
kein Bedauern
keine Trauer
kein Widerwillen
kein Hadern
nichts

„Jeder Hof, der aufgibt,
ist eine Chance für den,
der weiter macht."

das muss man sich auf der Zunge zergehen lassen
und dann ganz schnell
sehr böse werden

„Jeder Hof, der aufgibt,
ist ein großer Verlust
für den ländlichen Raum,
für die Menschen,
für die Kultur,
für die Landschaft und
ja,
auch für die Wirtschaft."

so wäre es richtiger gewesen

aber so etwas
sagt ein Funktionär
des sogenannten Bauernverbandes nicht

sonst müsste er
am Ende gar
nach seinen Worten handeln

und das ist schwierig
bis unmöglich
als Funktionär des sogenannten Bauernverbandes

Fendt Farmer 106 S

Mein ältester Trecker – Baujahr 1976 – ist gleichzeitig mein neuester; denn ich bekam ihn im Jahre 2007 von meinem Vadder geschenkt, der ihn in einer nostalgischen Anwandlung einem alten Bauern aus unserem Dorf abgekauft hatte. Dieser Bauer heißt Helmut; ihm zu Ehren wurde dieser Fendt Farmer 106 S familienintern Helmut getauft. Es ist ein alter Fendt, ohne Allrad, ohne Kabine, nur ein halboffenes Verdeck schützt den Fahrer mehr optisch als real vor den alt machenden Einflüssen des rauen norddeutschen Klimas.

Dieser Treckertyp – Fendt Farmer der Einhunderter-Serie, Baujahr vermutlich zwischen 1970 und 1977 – verfügt über eine sehr charakteristische, inzwischen legendäre Schaltung: Die sogenannte Doppel-H-Schaltung. Man schaltet mit einem Schaltknüppel in zwei Ebenen. Dieser Schaltknüppel – so lang und dünn, dass er diesen Namen auch verdient – erwächst noch aus der flachen Mittelkonsole, die man beim Fahren zwischen den Beinen hat. In der ersten Ebene – dichter am Sitz gelegen – gibt es vier Gänge. Vorne links ist der erste Rückwärtsgang, hinten links der erste Vorwärtsgang, vorne rechts der zweite Vorwärtsgang und hinten rechts der dritte Vorwärtsgang. Wenn man nun den Schaltknüppel in die Mitte des Schaltganges führt und beherzt nach vorne durchschaltet, landet man in der zweiten Ebene mit den schnelleren Gängen. Für ungeübte Fendt- Fahrer ist dieser Weg in die zweite Ebene nicht immer leicht zu finden, und wenn man gelegentlich einen gequält lächelnden Herrn auf einem alten Fendt Farmer der Einhunderter-Serie bei schrill kreischendem Vollgas mit etwa neun km/h über eine Bundesstraße schleichen sieht, dann ist es wahrscheinlich jemand, der sich diesen Trecker ausgeliehen und den Schaltweg in die zweite Ebene nicht gefunden hat.

Sollte man beim Schalten erfolgreich in der zweiten Ebene gelandet sein, so findet man dort nicht nur vier, sondern sogar fünf Gänge. Analog zur ersten Ebene sind dort zunächst vier schnellere Gänge: vorne links der zweite Rückwärtsgang, hinten links der vierte Vorwärtsgang, vorne rechts der fünfte Vorwärtsgang und hinten rechts der sechste Vorwärtsgang. Wenn man nun den Schaltknüppel in die Mitte des Schaltganges führt und genau, aber genau in der Mitte beherzt nach vorne durchschaltet, landet man im Schnellgang, auf der Schaltskala mit einem großen „S" gekennzeichnet. Beim Fendt Farmer der Einhunderter-Serie befindet sich der Schnellgang also direkt neben dem schnellen Rückwärtsgang, und diese räumliche Nähe dieser so unterschiedlichen Gänge hat auf manchen Bauernhöfen schon zu mehr oder minder verhängnisvollen Zwischenfällen geführt.

So auch auf dem Betrieb der Familie Hansen. Detlef Hansen ist ein Kumpel von mir, und er ist ein paar Jahre älter als ich. Als er Anfang der achtziger Jahre seinen Auto-Führerschein gemacht hatte, bekam er von seinen Eltern als erstes Auto den als Familienwagen ausrangierten Mercedes 200 D Strich Achter. Was für ein grandioses Auto das doch war! Fast alle Bauern in unserer Gegend fuhren in den siebziger Jahren diesen Wagen, nur meine Eltern nicht, die fast trotzig an ihrem VW Käfer fest hielten, vor allem, weil der aufgrund des Motors hinten und des Hinterradantriebes fast konkurrenzlos geländegängig war – im Übrigen ganz anders als der 200 D, welcher bei Motor vorne und Hinterradantrieb ohne zwei tote Schweine im Kofferraum wintertags praktisch nicht von der Stelle zu bewegen war. Und außerdem verfügte der Käfer über einen Beifahrersitz, der sich blitzschnell ausbauen ließ, so dass man an seiner Stelle problemlos riesige Fleischwannen mit halben Schweinen drin transportieren konnte.

Schon weil meine Eltern unbeirrt weiterhin diesen Kleinwagen fuhren, während alle anderen Bauern mit den großen 200 D Strich Achtern umherkutschierten, dachte ich als Kind immer, meine Familie sei arm. Dabei waren die Strich Achter nicht gar so teuer, und man konnte sie bequem aus der Hoftankstelle tanken. Und wenn sie ausrangiert waren, gaben sie noch wunderbare erste Autos für den Nachwuchs ab, erste Autos, mit denen man sich nur äußerst schwer die Ohren abfahren konnte, weil der 200 D Strich Achter mit 55 PS und einem Gewicht von fast zwei Tonnen für draufgängerisches Mackertum nur sehr eingeschränkt geeignet war, und Rennen konnte man allenfalls gegen andere Trecker gewinnen. Allerdings konnte man selbst in neumodischen Tempo-30-Zonen kaum geblitzt werden; so hat selbst eine gewisse Lahmheit manchmal Vorteile.

Detlef Hansen jedenfalls fuhr als Führerscheinneuling einen alten 200 D Strich Achter, der wunderbar babyblau war und über eine vielseitig einsetzbare, geräumige Rückbank verfügte. Das einzige Problem dieses Autos war, dass er im Winter zuverlässig schlecht ansprang. Deswegen musste er in der dunklen, kalten Jahreszeit oft angeschleppt werden. Das erledigte meist Walter, der Landarbeiter auf dem Hof der Familie Hansen. Walter hatte zwar keinen Führerschein, konnte aber ganz gut Trecker fahren. Bald waren Detlef und Walter ein eingespieltes Team, was das Anschleppen des Strich Achters anging. Walter befestigte das Abschleppseil zwischen Trecker und Auto; Detlef saß im Mercedes, während Walter mit dem Fendt Farmer der Einhunderter-Serie das Anschleppen übernahm. Lief der Motor, und das tat er meist nach wenigen Metern, dann hupte Detlef, und Walter hielt an, stieg vom Trecker ab und löste das Abschleppseil.

Einmal aber sprang der Strich Achter nicht sofort an, und Walter rief Detlef zu, auf dem Hof werde das wohl nix, sie müssten auf der Straße ein wenig mehr Schwung holen. Detlef nickte. Fünfter Gang. Nix. Sechster Gang. Nix. Dann wollte Walter noch in den Schnellgang schalten, aber er verschaltete sich und landete im zweiten Rückwärtsgang. Walter ließ die Kupplung kommen, und da es unmöglich ist, einen Fendt Farmer der Einhunderter-Serie abzuwürgen, drehten die Antriebsräder des Fendt einmal durch, dann fassten sie, und der Trecker machte einen Satz nach hinten. Walter bemerkte sofort seinen Irrtum, schaltete erneut, fand den richtigen Gang und zog erneut an. Irgendwann sprang der Motor des Strich Achters tatsächlich an, und Detlef hupte wie verabredet. Walter hielt an; Walter stieg vom Trecker; Walter ging zum Mercedes, um das Abschleppseil zu lösen; Walter sah, dass der Strich Achter im vorderen Bereich erheblich beschädigt war, und er wandte sich an den etwas verzweifelt aus der Wäsche guckenden Detlef und fragte ganz im Ernst: „Sag mal, bist du mir hinten drauf gefahren?"

Tja, was soll ich sagen? Solche Abenteuer erlebt man nur als Fahrer eines alten Fendt Farmer der Einhunderter-Serie. Ich bin froh, dass ich ihn habe, meinen Helmut, meinen Fendt Farmer 106 S.

Lob des kleinen Hochdruckballen

Wer jemals versucht hat
auf großen Strohballen
gleich ob rund oder rechteckig geformt
gemütlich ums Lagerfeuer herum zu sitzen
der weiß
dass die guten alten
kleinen Hochdruckstrohballen
wir Fischköppe sagen Klappen dazu
in gewissen Bereichen
durchaus ihre Vorzüge haben

sei die Technik auch alt
sozusagen von vorgestern
eins ist mal klar

nirgends sonst
sitzt man so gut

Endlich, endlich Frühling

Es war ein seltsamer Winter gewesen. Wie üblich hatte sich der Dezember von seiner düstersten, trostlosesten Seite gezeigt, und ich hatte schon geglaubt, es würde niemals wieder hell und licht werden auf dieser Welt, da roch es am 2.Weihnachtstag erstmals nach Frühling. Andere Anzeichen gab es auch; das Gras schien plötzlich grüner zu sein, und ein milder Wind strich von der Nordsee her übers Land. Ich weiß noch, wie ich an jenem Morgen nach dem Melken aus dem Stall kam; die Luft war hoch und frisch; ich hielt die Nase in den Wind und dachte: „Fürwahr, es lebt! Die Welt lebt, und ich lebe auch!"

Aber das war nur ein kurzes Zwischenspiel gewesen, schon vor Neujahr gab es wieder den üblichen Winternerv mit Schneematsch, Nieselregen und Gummistiefelpflicht überall auf dem Hof, und einzig der Gedanke, dass der 21.Dezember nun hinter uns lag und dass das Licht nun, egal ob es wollte oder nicht, allmählich wieder zurückkehren musste, hatte mir Zuversicht genug gegeben, dass auch der endlos graue Januar irgendwann vorbei gehen würde, und Februar, Februar, das klang schon ganz anders, dachte ich, Februar, das muss man sich auf der Zunge zergehen lassen, das klingt schon fast wie März, einige Phantasie vorausgesetzt.

Ende Januar dann das gleiche Spiel, nur ernsthafter, langfristiger diesmal. Frühlingsluft, Frühlingsduft, milder Wind mit dem Geruch von Salzwasser, Fisch und Leben. Mehr Licht auch, endlich mehr Licht, endlich spürbar längere Tage. Und jetzt sprang auch die Natur darauf an. Alles, was Chlorophyll in sich hatte, begann zaghaft und mühsam mit der Photosynthese. Das Gras wurde grüner und fing an zu duften, so dass die Pferde sehnsüchtigen Blickes am Gatter des Paddocks standen und auf die Weide starrten, in der vergeblichen Hoffnung, das frische, kaum merklich gewachsene Gras könnte ihnen in die Mäuler fliegen, wenn sie es sich nur intensiv genug wünschten. Die Eschen schoben ihre schwarzen Knospen; die Schneeglöckchen und die Winterlinge begannen zu blühen. Die Menschen lächelten wieder und unterhielten sich über den frühen Frühling, wenn sie sich beim Spazierengehen trafen. Ja, überhaupt, sie gingen wieder spazieren, und ich wartete darauf, von der nahen Autobahn den ersten Motorradkrach des Jahres zu hören – seit jeher der letzte und untrüglichste Beweis für die Ankunft des Frühlings – da kehrte der Winter mit einer solchen Brutalität zurück, dass es alle – die Natur, die Pflanzen, die Tiere, die Menschen – buchstäblich kalt erwischte.

Er kam über Nacht. Tagsüber waren es noch acht, neun Grad gewesen, aber für die Nacht war ein Wetterumschlag angekündigt. Kalter Wind aus dem Osten sollte sibirische Kälte bringen, aber selbst die Meteorologen im Fernsehen hatten ironisch gelächelt, als sie es ansagten. Man nahm den Winter nicht mehr ernst, so sehr war schon Frühling gewesen. Dann wurde das Leben schockgefroren. Über Nacht fiel das Thermometer um zwanzig Grad, und nach zwei Nächten klirrenden Kahlfrostes fielen fünfundzwanzig Zentimeter Schnee, der vom Ostwind zu bizarren Formationen geweht wurde. Es war der sechste Februar; die ersten Bauern hatten schon, in haltloser Freude über den frühen Vegetationsbeginn, den ersten Frühjahrsdünger gestreut, da warf der Winter sie – die Bauern, aber auch die Natur und irgendwie alles – um Wochen zurück.

Was folgte, war eine lange und trostlose Kälteperiode, die bis in den März hinein dauerte und die vielen Menschen noch länger und trostloser vorkam, weil sie zuvor schon in den Frühlingsmodus geschaltet hatten. Tieren und Pflanzen ging es genauso. Rehe hungerten im tiefen, harschigen Schnee, weil sie nicht an das Gras kamen, das darunter lag. Die blühenden Schneeglöckchen vergingen im Eis, und es war die Zeit, in welcher ein Altbauer aus dem Nachbarort sich das Leben nahm. Er war schon über achtzig Jahre alt gewesen, und seit er den Hof abgegeben hatte, war es seine Winterbeschäftigung geworden, im Winter im Wald Holz zu sägen. Jahrelang war er beinahe täglich zwischen November und März mit seinem Pony und einer kleinen Kutsche in den Wald gefahren, hatte den Kutsche vollgesägt und war zurückgekehrt, in dem Wissen und mit dem deutlichen Gefühl, nicht nutzlos zu sein. Dann kam der späte Winter; die Schneeverwehungen hatten den Pfad des Altbauern in den Wald unpassierbar gemacht. Er konnte nicht ins Holz. Zur Untätigkeit gezwungen, ging er in seiner Stube grübelnd und bitter im Kreis umher, bis er es nicht mehr aushielt. Am

Ende der dritten Woche nahm er sich seine Flinte und erschoss sich im Holzschuppen. Es war eine bittere Ironie, dass es zwei Tage später zu tauen begann. Am Tag seiner Beerdigung, nicht einmal eine Woche danach, war der Schnee restlos verschwunden.

Der Frühling war gekommen. Nun aber wirklich. Ich sah es; ich roch es; wenn ich den Mund öffnete, konnte ich es sogar schmecken. Es war ein überwältigendes Gefühl, das durch meinen Körper fuhr – Wellen von Endorphinen, die verschwenderisch ausgeschüttet wurden wie sonst nur beim Sport oder beim Sex. Ich stand auf dem Friedhof des Nachbardorfes; ich war Teil der Trauergemeinde, die dem Altbauern die letzte Ehre erwiesen, und es fiel mir schwer, ein dem Anlass unserer Zusammenkunft angemessenes Gesicht zur Schau zu stellen. Mühsam hielt ich still und versuchte, den Worten der Pastorin zu lauschen, die gerade am offenen Grab stand und bei „Asche zu Asche, Staub zu Staub" angekommen war. Sobald die Zeremonie soweit fortgeschritten war, dass ich gehen konnte, ohne Aufsehen zu erregen, drehte ich mich um und machte, dass ich weg kam, weg vom Tod, hin zum Leben.

Ich tat so, als habe ich einen wichtigen dienstlichen Termin, setzte mich ins Auto und fuhr los, zügig, bis ich im Wald angekommen war. Dort hielt ich an, öffnete das Faltdach meines Autos, legte die wildeste CD ein, die ich im Auto finden konnte, stellte laut und setzte meine Fahrt fort. Ich kannte den Song; ich konnte ihn auswendig. Ich sang mit, so laut ich konnte. Zwischen den Versen lachte ich. Endlich durfte ich lachen, und ich spürte, wie meine verkrampften Gesichtszüge sich entspannten. Ich blickte in den Rückspiegel. Meine Güte, ich sah scheiße aus. Scheiße, aber glücklich. Ich fühlte mich wunderbar.

Als ich zuhause ankam, war es eigentlich an der Zeit, für die Kinder Mittag zu kochen. Sie kamen immer um zwei Uhr nachmittags aus der Schule und waren dann immer hungrig wie die Scheunendrescher. Aber dies war ein besonderer Tag, und besondere Tage erforderten besondere Maßnahmen. Also schrieb ich den Kindern einen Zettel – „Macht euch ein Brot oder kocht euch selber was. Warmes Essen gibt es heute Abend. Mama und ich sind reiten. Bis denn, Vaddern" – und ging hinaus, die Pferde fertig machen. Birte würde bald von der Arbeit kommen, dann mussten die Gäule gesattelt dort stehen, damit Birte gar nicht anders konnte, als mit mir zu reiten.

Es war ein spontaner Einfall gewesen. Zum ersten richtigen Frühlingstag – und den hatten wir heute – gehörte ein Ritual wie das Feuerwerk zu Silvester. An diesem Tag setzte ich mich normalerweise auf den Trecker und fuhr meine Felder ab, um nachzuschauen, ob sie noch da waren und wenn ja, was der Winter mit ihnen gemacht hatte. Heute wollte ich diese Rundtour zu Pferd machen, gemeinsam mit der Liebsten, damit wir den Frühling gemeinsam begrüßen konnten. Ich meine: Wozu hatten wir denn ein ausreichend stabiles Pferd gekauft, das auch mich tragen konnte, ohne dass die Augen aus den Höhlen quollen und platzten wie überdehnte Luftballons? Und wozu hatte ich ein halbes Jahr lang als einziger Mann in der Hausfrauenreitgruppe dienstags vormittags eifrig, aber weitgehend vergeblich die Grundlagen des Reitens zu erlernen versucht? Doch wohl genau für diesen Tag!

Ich quetschte mich in die alte Reithose, die glücklicherweise über einen ausreichend hohen Anteil an Stretch-Material verfügte, schlüpfte in die alten, hart gewordenen Reitstiefeletten und ging hinaus aufs Paddock, den Friesen und das braune Pony zu holen.

Ich putzte die Pferde, kratzte die Hufe aus, sattelte und zäumte auf. Immerhin das hatte ich in meiner aktiven Reiterzeit gelernt. Ich war, wie die meisten Männer von pferdebegeisterten Frauen und die meisten Väter von pferdebegeisterten Töchtern, ein leidlich zu gebrauchender Reitplatzhandlanger, abfällig auch Turniertrottel oder Äppelboy genannt. Als Birte auf den Hof fuhr, waren die Pferde fertig. Sie stieg aus. „Was soll das denn werden?", fragte sie. „Wir reiten aus!", rief ich. „Und die Kinder?" „Wissen Bescheid!", log ich. „Okay", sagte sie und lächelte. Ja, sie lächelte. „Ist das nicht ein schöner Tag?", fragte sie. „Das ist der Frühling!", rief ich ihr hinterher, aber sie war schon im Haus verschwunden, um sich ihre Reitsachen anzuziehen.

Es wurde der schönste Ausritt aller Zeiten. Birte ritt vor, mein Pferd folgte. Ich musste nicht nachdenken, nichts koordinieren, keine komplizierten Schenkelhilfen geben, mit Muskeln, die ich gar nicht hatte. Ich musste mich einfach nur auf dem Pferd halten, und das gelang. Gemächlich schritten und trabten und galoppierten wir durch die erwachende Natur, und wir trafen den alten Nachbarn, der tatsächlich schon wieder in Pullunder und Hemdsärmeln unterwegs war, um seine Zäune zu kontrollieren. „Morgen lass ich die Kühe raus!", rief er. „Die sollen sich auch freuen!" „Das werden sie!", antwortete ich, „Fürwahr, das werden sie!", und wir ritten weiter.

Alle Felder waren noch da. Auf der großen Wiese im Moor hielten wir an und stiegen ab. Wir ließen unsere Pferde ein wenig Gras fressen. Ich zog eine Tafel von Birtes Lieblingsschokolade aus der Innentasche meiner Jacke. Auf dem Sattel des Friesen bereitete ich ein kleines Picknick, während Birte sich in die Büsche schlug. Als sie zurückkam, aßen wir Schokolade und ließen die Blicke schweifen. Unser Land. An der Anhöhe vorm Horizont zog sich das silberne Band der Autobahn; wie bunte Perlen leuchteten die Autos auf ihr. Ganz leise drangen die Motorengeräusche zu uns durch. Aus der Ferne klangen sie wie das schwache Rauschen eines fernen Meeres. Im Moor grünte das Gras. In wenigen Tagen würden die Schneeglöckchen ein zweites Mal blühen. Das würde ihre letzte Kraft kosten, aber es ging nicht anders. Das Leben musste weiter gehen. Gerade als ich das dachte, hörte ich von der Autobahn das Dröhnen des ersten Motorrades. Nun gab es keinen Zweifel mehr. Es war Frühling; es war endlich Frühling.

Ich guckte Birte an. Sie guckt zurück und lächelte. Es würde ein gutes Jahr werden, soviel war mal klar.

Autobahnbaustelle

Seit zwei Jahren nun schon und
mutmaßlich vier Jahre noch
haben wir eine Großbaustelle vor der Tür

die A21 wird verlängert
von Stolpe bis Nettelsee
viereinhalb Kilometer Autobahn
teilweise durchs Moor

im Grunde fahren sie eine Heimat weg und
kippen dafür etwas anderes hin

sechs Jahre lang
von Montag bis Donnerstag
von sieben bis sieben
und freitags
von sieben bis eins
spüren wir
das Rummeln der Maschinen
hören wir
ohne Unterlass das Piepen der
rückwärts fahrenden Riesenlaster

ich bin mir sicher
es dauert nicht mehr lange
und ich piepe
beim Rückwärtsgehen

Grillfest

Es war Mitte der achtziger Jahre, und es war Sommer. Gutes Wetter noch dazu. Grillfest in Damsdorf war angesagt, in einer der stillgelegten Kieskuhlen, die es in dieser Gegend überall gab. Eine Veranstaltung der Freiwilligen Feuerwehr; für die Musik sorgte „Meyer`s Rollende Discothek". Schon damals hasste ich es, wenn die Leute das S mit Apostroph absetzten, aber es war ein Trend, der sich nicht aufhalten ließ. Das konnte mich zwar ärgern, aber die Laune konnte mir das nicht vermiesen. Da mussten schon andere Dinge kommen.

Wir Jungs waren damals sechzehn, siebzehn Jahre alt. Zu alt fürs Fahrrad, zu jung fürs Auto. Also fuhren wir Moped. Mit sechzehn konnte man damals den Führerschein 1b machen, der zum Führen von Leichtkrafträdern bis 80 ccm befähigte. Wir alle hatten damals sogenannte Achtziger. Meist von Zündapp. Bei uns im Dorf wurde ein kleiner Zündapp-Kult betrieben. Die meisten Jungs hatten die wassergekühlte KS 80; meine Eltern kauften mir die luftgekühlte K 80. Die war rund 1000 Mark billiger und ziemlich anfällig. Oft war sie kaputt, und ich musste am Wochenende bei einem meiner Kumpels als Sozius mitfahren.

So auch an diesem Wochenende. Klump – so nannte ich meine K 80 liebevoll – Klump hatte ihren ersten Kolbenfresser. Ich hatte mich mit Locke verabredet;

er sollte mich mitnehmen. Im KS 80-Konvoi fuhren wir nach Damsdorf. Zu diesen Grillfeten kamen immer viele Dutzende von Motorradfahrern, die ihre schweren Maschinen immer in einer langen Reihe auf der zum Parkplatz umfunktionierten Wiese abstellten, den Lenker immer in dieselbe Richtung gekippt. Meist standen da dann noch etliche dickbäuchige Biker in Lederjacken herum, mit Jeanskutten darüber, auf denen Aufnäher prangten mit Slogans wie etwa: „Motorradfahrer töten nicht – Motorradfahrer werden getötet!" Sie fachsimpelten und bewunderten andere Maschinen, dann kamen wir mit unseren kleinen Zwiebacksägen und stellten sie genauso in die Reihen, als hätten sie mindestens achtzig und nicht nur acht PS. Die Biker guckten empört, aber wir waren jung und frech, nahmen unsere Helme ab, zeigten unsere dämlich angeklatschten Helmfrisuren und fingen wirre Pseudofachsimpeleien an, etwa so: „Sag mal, hast du eine Ahnung, wo man hier in der Gegend coole Fußrastenspoiler kriegen kann?" oder „Seit ich den Auspuff aufgebohrt hab, hört Mutti mich schon, wenn ich in Warnau von der Lehrstelle losfahr. Sie kann denn schon mal das Essen aufwärmen. Dann kann ich schneller wieder cruisen, Dorfstraße rauf, Dorfstraße runter, mit dem Helm ganz cool an den Arm gehängt..."

Langsam schlenderten wir zum Festplatz, Milchgesichter in Lederkluft. Dann standen wir rum, tranken Cola, wenn wir fahren mussten, und Bier, wenn wir nicht fahren mussten, aßen Grillwurst, guckten Mädels an. Irgendwann gruppierten wir uns um die Tanzfläche herum, die aus Palletten bestand, die mit glatt gehobelten Nut- und Federbrettern verkleidet waren. Die mutigen von uns tanzten sogar, wenn Musik kam, die ihnen gefiel – den sogenannten Landjugend-Stampf: Seit-Tip- Hüpf, Seit-Tip-Hüpf – die ganz mutigen sprachen Mädels an, in der absolut irrationalen Hoffnung, nach unendlich vielen Körben irgendwann einmal etwas anderes zu kriegen. Sie meinten offenbar, jeder Korb erhöhe die Wahrscheinlichkeit, beim nächsten Mal vielleicht schon aus Gründen der Gaus`schen Normalverteilung einen Treffer zu landen, aber mathematische Gesetze gelten in Fragen der Liebe nicht. Trotzdem versuchten sie es unverdrossen weiter, wieder und wieder. Ihre Hartnäckigkeit imponierte mir.

Ich hatte die Hoffnung auf amouröse Abenteuer zwar nicht aufgegeben, aber ich hatte, frustriert von andauernder Erfolglosigkeit, sämtliche Balzrituale eingestellt. Ich hoffte darauf, dass irgendwie irgendwo irgendwann irgendein Mädel mich ansprechen würde. Nena sang den Soundtrack dazu. Das Mädel würde sagen: „Gib mir die Hand, ich bau dir ein Schloss aus Sand! Die Zeit ist reif für ein bisschen Zärtlichkeit..." Sie nähme meine Hand; wir würden nicht lange nachdenken, und später führen wir auf Feuerrädern Richtung Zukunft durch die Nacht...

Aber mein Feuerrad war kaputt. Kolbenfresser. Scheiße. Naja, dafür konnte ich Bier trinken. Ich holte mir noch eins. Auf dem Weg zum Bierpilz traf ich Brian, einen Fußballkumpel. Wir schnackten. Er war wie immer bestens gelaunt. Wahrscheinlich war er als kleines Kind in den Topf mit der Maibowle gefallen. Plötzlich, ohne Vorwarnung, knickte mir das Knie ein.

Diesen Kniekehlentrick hatte ich schon immer gehasst. Fast wäre ich auf den Arsch gefallen, und sofort regte ich mich auf. Mühevoll hielt ich mich auf den Beinen, kam ich wieder hoch und wollte gerade, in genau dieser Reihenfolge, zuschlagen und anlabern, da sah ich, dass es Dörte war. Sie lächelte.

Dörte war die ältere Schwester eines Bekannten von mir. Scheinbar alleine hier. Brian trollte sich, und Dörte und ich standen allein. Sie war mindestens zwei Jahre älter als ich; sie musste schon achtzehn sein. Ich fand es äußerst ungewöhnlich, dass sie mich ansprach. Was wollte sie mit einem Kind wie mir? Ich kannte mich nicht so richtig aus, aber würde sie nicht in den Knast kommen, wenn sie etwas mit mir anfinge?

„Na", sagte sie und lächelte wieder. Jetzt war ich dran. Nun kommt es drauf an, dachte ich, sag etwas Charmantes, Geistreiches, damit sie dir gleich zu Füßen liegt. „Na", antwortete ich. Gefrorenes Lächeln, Schweigen. „Auch hier?", setzte ich nach. Scheiße scheiße scheiße, ich war dabei, es zu verbocken. „Ja", gab sie zurück. „Du auch?" Ey, mein Gott, es wurde langsam zum Gespräch. „Ja, is ja auch sons nix los! Und die Wurst is hier immer ganz lecker..." „Das finde ich auch. Gibst du mir eine aus? Mit Senf?" „Klar", sagte ich und ging los zum Wurststand. Kaum begann ein Flirt, schon fing er an, Geld zu kosten.

Als ich der Schlange stand, guckte ich ab und an zu ihr rüber und dachte nach. Sie stand dort und lächelte mir zu. Sie war eines der ganz wenigen Mädchen, welche Fußball spielten. Angeblich sollte sie in ihrer Klasse eine ausgezeichnete Vorstopperin sein. Ich musste grinsen. Das passte gut. Ich war Mittelstürmer, und ich hoffte, sie würde mich heute nacht noch in konsequente Manndeckung nehmen. In meinen Gedanken fing ich bereits an, sie „Dirty Dörte" zu nennen.

Ich ließ mir zwei Würstchen auf eine Pappe legen, so konnten Dörte und ich uns bei einem romantischen Dinner etwas näher kommen. Wir aßen, wir scherzten, wir schnackten. Es lief gut. Dann fragte sie, ob ich mit ihr tanzen wolle. „Mal gucken, was gleich für ein Lied kommt", sagte ich. „Tanz mit mir, und heute abend gehöre ich dir!", reimte sie, und alles in mir freute sich. Dann kam das nächste Lied. Aufmunternd sah sie mich an. Aber es war das schlimmste Lied aller Zeiten: „Live is life" von Opus. Schon bei den ersten Trommelschlägen dieses Liedes wurde mir körperlich schlecht, und wenn der bekloppte Sänger – wenn ich mich recht erinnere, ein untersetzter Typ mit Mini-Pli-Dauerwelle und Pornobalken in der Fresse – den hirntoten Refrain sang: „Live is life! Nana nanana!", dann wünschte ich mir immer nichts als Stromausfall. „Vielleicht beim nächsten Lied!", sagte ich, aber Dirty Dörte zog eine Flunsch und lief zur Tanzfläche, allein.

Unentschlossen stand ich da, während Hunderte von angetrunkenen Grillfetenspacken den saublöden Refrain mitgrölten. Da kam Locke, auf dessen Sozius ich mitgefahren war. „Ey, is scheiße hier! Wir wollen los!" „Wieso das denn? Is doch super hier!", antwortete ich. „Quatsch!", rief er: „Hör dir bloß mal die kranke Musik an! In Flintbek soll noch was los sein, da wollen wir jetzt hin!" Hilflos ratterte es in meinem Hirn. Bliebe ich jetzt hier, käme ich nicht nach Hause. Führe ich jetzt mit, wäre es aus mit Dörte, bevor es richtig angefangen hatte. Ich überlegte krampfhaft, und Locke rief: „Was is jetz!?" „Okay, ich komm mit.", sagte ich und ging mit Locke zu den anderen, mich immer wieder umguckend, in der Hoffnung, Dirty Dörte würde kommen und mir zurufen „Bleib hier, mein Stürmer! Wir könnten Standardsituationen trainieren!" Aber sie kam nicht.

Schon waren wir bei den Mopeds angekommen. Ein letztes Mal blickte ich mich um. Keine Dörte, nirgends. Ich stieg auf und setzte mich hinter Locke auf den Sozius. Wir fuhren los, im Konvoi, Richtung Flintbek. Dazu fuhren auf der Autobahn direkt an unserem Hof vorbei. Ich überlegte hin und her, und mir kam eine rettende Idee. Ich tippte Locke auf die Schulter und brüllte ihm zu: „Lass mich mal an unserem Hof raus! Ich hab kein Bock nach Flintbek!" „Okay", rief er. Er hielt kurz an der Autobahn; ich sprang ab, kletterte über den Stacheldrahtzaun und ging von hinten über die Mistplatte in unseren Kuhstall und von dort durch die Diele in unsere Küche. Im Vorbeigehen sah ich, dass die Diele leer war. Der Golf meiner Eltern war nicht da. Da fiel mir ein, dass sie selbst unterwegs waren, auf einer silbernen Hochzeit ihrer Freunde. Sie würden nicht so bald wieder kommen, so viel war klar. Ich schrieb ihnen einen Zettel: „Ich musste noch mal weg. Mit dem Fendt! Macht euch keine Sorgen!" Und ich ging raus in den Maschinenschuppen, in welchem der Fendt stand. Den durfte ich auch fahren, mit Führerschein 1b. Dass ich schon zwei oder drei Bier intus hatte, beschloss ich zu ignorieren.

Ich ließ den Fendt an und fuhr los, so schnell er konnte, zurück nach Damsdorf. Dort angekommen, parkte ich ihn zunächst neben den Motorrädern, mit den Vorderrädern in die richtige Richtung gelenkt—

Ordnung muss sein! – und lief dann zum Festplatz, um meine Dirty Dörte zu suchen. Es dauerte eine Weile, aber ich fand sie. Sie stand mit unserem Torwart Hartmut am Feuer. Die beiden knutschten, was das Zeug hielt. Dörte hatte ihr Bein zwischen Hartmuts Oberschenkel geschoben. Kurz gesagt, sie war ziemlich beschäftigt. Ein verzweifeltes Lächeln huschte über mein Gesicht. Sie hatte Hartmut in konsequente Manndeckung genommen. Das machte überhaupt keinen Sinn. Warum zum Teufel sollte sie einen Torwart decken? Aber sie tat es. Vielleicht war sie doch keine so gute Vorstopperin.

Ich drehte mich um und ging zurück zum Fendt. Ich wusste, ich hatte es verbockt. Irgendwie irgendwo irgendwann war heute gewesen, und statt mir ihr gemeinsam auf Feuerrädern Richtung Zukunft durch die Nacht zu fahren, stieg ich auf den Fendt, um allein auf Stollenrädern Richtung Vergangenheit zu rumpeln. Ich ärgerte mich, und einige Tränen liefen mir über das Gesicht. Aber es war zu spät.

Ich war vor meinen Eltern zu hause. Ich parkte den Fendt wieder im Maschinenschuppen, ging rein, nahm den Zettel vom Küchentisch, zerknüllte ihn und warf ihn in den Ofen. Morgen würde Mudder ihn verbrennen, ohne von meiner nächtlichen Ausfahrt mit dem Fendt auch nur zu ahnen. Ich ging hoch und legte mich in mein Bett.

Ein letztes Mal lächelte ich bitter, als ich an den vergangenen Abend dachte. Opus ist schuld, dachte ich trotzig, und Meyer`s beknackte Rollende Discothek. Dieses Scheißlied, dachte ich, und: Ich Idiot! Schwer genervt rollte ich mich auf die Seite, um mir nicht gerade zärtlich einen runter zu holen. Statt Dirty Dörte gab es wieder nur Dirty Dödel, und der war ich selbst.

Dörte habe ich bis heute nicht wieder gesehen. Ist vielleicht auch besser so.

Kieler Woche

Nachts um viertel vor drei
ein Anruf
ein R-Gespräch aus einer Telefonzelle
in Kiel - Gaarden
unser Sohn Peer steht darin und
weißt nicht
wo er ist

Birte sagt ihm
er solle nach einem Straßenschild gucken
er lässt den Hörer liegen und findet eins
so dass ich ihn abholen kann
mitten in der Nacht

unter dem sich hellenden Himmel
fahre ich und
finde ihn dort

sie hatten ihm das Handy geklaut
und ihn niedergeschlagen und
dann war er
nicht ganz nüchtern
orientierungslos durch Kiel gelaufen
bis zu dieser Telefonzelle

ich freu mich
ihn zu sehen und
dass er heil ist

wir fahren zur Polizei
um eine vermutlich sinnlose
Anzeige zu erstatten

als wir das Polizeirevier verlassen
kurz vor fünf
ist es hell
ohne dass die Sonne scheint

schweigend rollen wir heimwärts
durch die graue triste Schönheit des Morgens
der ruhig und verlassen vor uns liegt

und wir lauschen der Stimme Billy Braggs
aus dem Autoradio

er singt
tomorrow`s going to be a better day
tomorrow`s going to be a better day
we`re going to make it that way

Was immer gelingt

Am Rande einer Führung über seinen biologischen Gartenbaubetrieb fragte ich Andreas, den Biogärtner, wie seine Frau Angela und er auf die Idee gekommen seien, ihr Unternehmen ausgerechnet „Gärtnerei Quecke" zu nennen, und er lachte und antwortete: „Wir haben drüber nachgedacht, was uns immer gelingt. Als erstes fielen uns Diestel und Quecke ein. Eine Gärtnerei Diestel gab`s aber schon. Also blieb uns gar nichts anderes übrig, als uns Gärtnerei Quecke zu nennen."

Nun lachten wir gemeinsam, und ich war begeistert. Was für eine einfache, geniale Idee! Den eigenen Hof nach dem Lieblingsproblemunkraut zu benennen – großartig! Und während ich heimfuhr, dachte ich über einen passenden Namen für unseren Hof nach, über ein charakteristisches Unkraut, dessen Anbau und Pflege mir immer gelingt, außerdem noch meiner Vorliebe für Stabreime hemmungslos frönend. Quecke und Diestel waren ja nun besetzt, zum Glück, denn Namen wie „Qualzuchtbetrieb Quecke" und „Drecksfraß Diestel" wären zumindest unter Marketinggesichtspunkten eher suboptimal gewesen. Also suchte ich in meinem hilflos ratternden Hirn nach anderen betriebstypischen Unkräutern. Zunächst dachte ich an „Agrarkombinat Ampfer", so hätte unser Hof früher heißen müssen, aber nach der Umstellung auf Ökolandbau hat der so nährstoffliebende Ampfer sich wegen der schlechten Versorgungslage beleidigt sowohl vom Acker als auch vom Grünland gemacht. Weiterhin fielen mir, an meine sumpfnassen Naturschutzflächen denkend, Namen ein wie etwa „Hof Hahnenfuß", „Seggensegen", „Binsenbiotop" (betont gelesen als: Binsen-BIO-Topp!)oder, schöner noch, nach der mit Abstand feuchtesten Stelle auf meinem Land, allerdings nicht mehr auf Gewächse anspielend: „Bad Bullenweide", auf der ein wunderschöner Erlenbruch den Kühen im Sommer Schatten spendet. Und wenn ich mir den Zustand unseres Treibweges imaginiere, im Herbst, nach einigen Tagen pausenlosen Dauerregens, dann kann es eigentlich nur einen Namen geben: „Maddis Modderhof".

Das ist es. Maddis Modderhof. Die ultimative Zwei-Wort-Zusammenfassung unseres Hofes. Nur, wenn ich so darüber nachdenke, Maddis Modderhof, Maddis Moddermilch – das klingt nicht richtig lecker, oder? Also bleibt es bei Hof Wittmaaßen. Bis mir etwas Besseres einfällt. Ich arbeite dran.

Meist sonntagnachmittags

Wann auch immer das erste Haushaltsgerät
welches wir gemeinsam anschafften
noch bevor wir heirateten
sogar bevor wir zusammen zogen
zum Einsatz kommt

ein spakiges Waffeleisen
aus dem letzten Jahrtausend
Fabrikat Severin
Dekor Herbsteiche

bin ich wieder erstaunt und überwältigt
wie unglaublich wunderbar
diese ganz einfachen
stinknormalen Waffeln schmecken

Eier Zucker Butter
Milch und Mehl
Vanillezucker
Backpulver
und Puderzucker zum Bestäuben

sonst nichts

es ist billig und es ist
ein Hochgenuss

Scheiß-Bauernparty!

Es ist jetzt ein paar Wochen her, dass auf unserem Hof die bislang letzte große Party stattfand. Unsere Zwillinge Nora und Peer waren im Frühjahr volljährig geworden und haben ihre achtzehnten Geburtstage nachgefeiert. Ehrlich gesagt, hatte ich vorher etwas Angst um den Hof. Wie leicht kann es passieren, dass irgendein besoffener Spacken sich auf den Heuboden zurück zieht, dort meint, eine Zigarette schmöken zu müssen, und zwei Stunden später liegt das ganze Anwesen in Schutt und Asche. Aber es ist alles gut gegangen. Ich werde nie vergessen, wie schön es war, am nächsten Morgen aufzuwachen und noch am Leben zu sein. Der Hof stand noch, und bis auf ein paar zerbrochene Flaschen war alles heil geblieben.

Erstaunlich finde ich oft, wie unergründlich, sonder- und wunderbar die eigenen Kinder sich im Laufe der Zeit entwickeln. Vor zwei Jahren noch, anlässlich der Feier zu ihrem sechzehnten Geburtstag, war unsere Tochter Nora in einer Phase der absoluten Verleugnung ihrer bäuerlichen Herkunft. Am liebsten wäre es ihr gewesen, wenn niemand gewusst hätte, dass sie von einem Bauernhof kommt. Deshalb hatte sie eigentlich geplant, ihren Geburtstag in unserem Dorfgemeinschaftshaus zu feiern, aber nach schlechten Erfahrungen mit intensivem Vandalismus anlässlich jugendlicher Geburtstagsfeten hatte die Gemeinde die

Vermietung der Räumlichkeiten an Jugendliche kurz zuvor kategorisch und für alle Zeit ausgeschlossen. Also hatte Nora zähneknirschend zugestimmt, ihren Geburtstag gemeinsam mit ihrem Zwillingsbruder Peer und ihrer zwei Jahre älteren Schwester Marie in der Maschinenhalle unseres Hofes zu feiern. Das Gute daran war, dass die Maschinenhalle zu diesem Zweck elf Jahre nach der letzten größeren Veranstaltung endlich mal wieder gründlich aufgeräumt wurde; das Schlechte daran war, dass nach der Fete mit etwa 250 jugendlichen Gästen von diesen Aufräumarbeiten leider nichts mehr zu sehen war.

Nora hatte eine genaue Vorstellung davon, wie diese Party ablaufen sollte und wie sie auf dieser Party aussehen wollte. Sie bestellte sich ein hinreißendes Kleid und total unpraktische, verteufelt hohe Schuhe. Damit sie mit diesen Schuhen unfallfrei vom Wohnhaus in die Maschinenhalle gelangen konnte, schlug sie uns vor, den Weg zur Halle vor der Feier bitte zu asphaltieren oder zu pflastern. Wir haben es nicht getan. Als Sitzgelegenheiten für die zahlreichen Gäste forderte sie uns auf, bei der Feuerwehr Dutzende von Biergartengarnituren zu mieten. Es waren aber nur sechs Garnituren frei. Bei den Aufbauarbeiten am Nachmittag zuvor erzählte ich davon, und Nora geriet außer sich und rief: „Und wo sollen die ganzen Gäste sitzen?" Ich antwortete, dass die meisten auf Partys ohnehin herumstehen und dass wir zur Not ja kurzfristig noch einen Haufen Strohklappen vom Heuboden runterwerfen konnten. Und Nora schrie: „Strohklappen? Die Leute sollen auf Strohklappen sitzen? Ey, das soll hier keine Scheiß-Bauernparty werden!" Und sie fluchte noch ein wenig herum. Später, als sie sich beruhigt hatte, warfen wir dann doch noch Strohklappen runter, und natürlich lümmelten sich abends alle Leute auf den Strohklappen herum, während die unbequemen Biergartengarnituren leer blieben. Außerdem hatten wir zwei gesäuberte Kälber-Gruppeniglus auf den Hof gestellt und mit alten Sofas ausgestattet – das waren in der Nacht dann beliebte Knutschkugeln geworden. Trotzdem hatte sich aber ein Pärchen, einer spontanen Eingebung folgend, in unseren begehbaren Kaninchenstall zurückgezogen, um dort rumzumachen. Leider wurde ein Kaninchen dabei so schwer verletzt, dass es am nächsten Tag eingeschläfert werden musste. Es war zur falschen Zeit am falschen Ort gewesen. Vielleicht hatte es gedacht, es wird gefüttert. Ein fataler Irrtum. Aber es starb für die Liebe. Oder für Sex. So genau ließ sich das nicht feststellen, und die Übergänge sind ja auch fließend.

Seitdem sind über zwei Jahre vergangen, und zwischen sechzehn und achtzehn passiert eine Menge. Als wir nun dabei waren, die Party anlässlich des achtzehnten Geburtstages vorzubereiten – sie sollte in der großen Diele unseres Bauernhauses stattfinden, und Nora und Peer haben ordentlich daran gearbeitet, diese partytauglich zu gestalten – da stellten die beiden unsere drei eigenen Biergartengarnituren in der Diele auf, und ich fragte Nora, wo denn die ganzen Leute sitzen sollten. Sie antwortete, die meisten würden auf Partys ohnehin herumstehen, und zur Not könnten wir ja kurzfristig noch einen Haufen Strohklappen vom Heuboden runterwerfen. Erstaunt blickte ich Nora an und rief: „Strohklappen? Die Leute sollen auf Strohklappen sitzen? Ey, das soll hier keine..." Nora erinnerte sich sofort, richtete sich auf und fiel mir ins Wort: „Papa, natürlich wird das eine Scheiß-Bauernparty! Ich mein: Guck uns doch an, guck dir den Hof an und die Diele! Natürlich wird das eine Scheiß-Bauernparty, und es wird klasse!" Breitbeinig und stolz stand sie da, inzwischen mitten im Leben, und war sich ihrer Sache sicher. Sie lachte ein lautes, helles, selbstbewusstes Lachen.

Es wurde ein tolles Fest, eine richtig klasse Scheiß-Bauernparty. Und das Beste ist: Der Hof steht immer noch. Und die Diele ist aufgeräumt.

Nach dem Einkaufen

Nach dem Einkaufen
schob ich meinen gut gefüllten Einkaufswagen
aus dem Supermarkt hinaus
Richtung Parkplatz

vor mir eine junge Frau
ebenfalls mit Einkaufswagen
blondes langes Haar
sie trug eine kurze Jacke
rote Schuhe und eine verwaschene
perfekt sitzende Jeans

hübscher Hintern
dachte ich und sah
einen steinalten Mann
in einem parkenden Auto sitzen

mit einem entrückten Lächeln im Gesicht
folgte sein Blick
dem Hintern der vorbeigehenden Frau

da wusste ich
alle Hoffnung ist vergebens
es hört niemals auf

Schwadratzbrobradda

Die Versprecher in unserer Familie sind legendär. Obwohl es keine Versprecher im eigentlichen Sinne sind. Es sind – für meine Begriffe – eher Anzeichen eines kreativen Umgangs mit unserer Sprache.

Insbesondere meine Mutter ist berühmt für ihre Wortverdrehungen. So sagt sie zu einem speziellen Fußbodenbelag konsequent „Limonad" und zu einem griechischen Knoblauchquark „Tzizacki". Mein Vater mag da nicht zurückstecken und nennt Tätowierungen neudeutsch „Tatüs". Meine Tochter Nora isst am liebsten kleine, eingelegte Gürkchen namens „Corchinons", und für meine älteste Tochter Marie war ich eine Zeitlang nicht Papa, sondern, warum auch immer, der „verkunxelte Oxel". Jetzt haben mein jüngster Sohn Jon und ich auch ein schönes Privatwort: „Schwadratzbrobradda", beziehungsweise, als Verb, „schwadratzbrobraddern". Es hat mit unserer sommerabendlichen Lieblingsbeschäftigung zu tun: an unseren See zu fahren und zu baden.

Jon und ich glauben, recherchiert zu haben, woher die Bezeichnung „Schwadratzbrobradda" stammt: Hans Günther Schwadratzbrobradda war der herausragende Holsteiner Kunstwasserspringer der zweiten Hälfte des 20. Jahrhunderts. Wegen seines Einfallsreichtums, seiner perfekten Technik und seiner innovativen Kraft war er weit über die Grenzen seiner

Heimatgemeinde Oha bekannt. Legendär ist sein nach ihm benannter Kunstsprung vom voll hochgefahrenen Frontlader seines am Seeufer abgestellten Schleppers. Je nach Lust und Laune sprang Hans Günther einfache, doppelte oder sogar dreifache Schwadratzbrobraddas, bis er den elterlichen Milchviehbetrieb übernahm, auf dreihundert Kühe aufstockte und deshalb keine Zeit mehr zum Schwadratzbrobraddern hatte. Der Name seines Kunstsprungs lebt aber weiter, auch jenseits seines Milchviehbetriebes in der Arbeitsfalle. Zum Beispiel in unserer Familie.

Jetzt, in diesem langen, warmen Sommer, wenn ich schwitzend und stinkend in der feuchten Hitze des Melkstandes am Arbeiten bin, freue ich mich immer sehr, wenn Jon irgendwann zur Tür hereinschaut und ruft: „Na, Papa, heute Abend schwadratzbrobraddern?" „Logesch!", rufe ich dann, und wenn ich mit der Arbeit fertig bin, ziehe ich die Stallklamotten aus und eine Badehose an, grabsch mir ein Handtuch, meine guten Klamotten und eine frische Unterhose, schmeiße alles in den verbeulten Transit und fahre gemeinsam mit Jon und zwei bis fünf weiteren Familienmitgliedern zum See. Einmal trafen wir eine Nachbarin, die uns entsetzt anglubschte und später im Dorf erzählte, Familie Stührwoldt fahre nackt durchs Dorf, was natürlich nicht stimmt: Wir waren nur halb nackt.

Am See angekommen, laufen wir ins Wasser, und jedes Mal wieder freut sich alles in mir, wenn ich eintauche in diesen See, unseren See, den Stolper See – diese Frische, diese Kühle, dieser wunderbare Moment, wenn der Staub und der Schweiß und die Schwere des Tages von mir abgespült werden, während ich zum Badeponton schwimme, um von dort gemeinsam mit Jon nach Herzenslust zu schwadratzbrobraddern, was nichts anderes heißt als: wie ein Bekloppter immer und immer wieder freistilmäßig ins Wasser zu hüpfen, die unmöglichsten Verrenkungen ausprobierend, manchmal sogar Hand in Hand, was Jon zum Anlass nimmt, sich aufs Bitterste bei mir zu beschweren, ich würde ihn in die Tiefe ziehen, dabei schwimmt Fett doch bekanntlich oben, was diesen Vorwurf geradezu lächerlich erscheinen lässt. Eher zieht Jon mich herunter als ich ihn.

Nach einer Viertelstunde unermüdlichen Schwadratzbrobradderns ist es dann Zeit, wiederum halb nackt nach Hause zu fahren, außer Atem, aber glücklich, um anschließend schön gemeinsam Abendbrot zu essen, natürlich mit Tzizacki und Corchinons.

Interview

Wie kommt es
dass ein Bauer schreiben kann
fragte der Journalist

erst guckte ich verständnislos
aber er blieb ganz ernst und
hatte keine Ahnung
wie bescheuert die Frage war

ich bin zur Schule gegangen
sagte ich

ach so
antwortete er

Das Mittsommernachtskalb

Seit 1972, seit über vierzig Jahren also wirtschaftet meine Familie auf etlichen Hektaren feuchten Grünlandes im Depenauer Moor. Damals gab das Gut Depenau die eigene Milchviehhaltung auf und verpachtete die anders als für Rindviehhaltung nicht nutzbaren Moorweiden an die Milchbauern unseres Dorfes, zum Teil auch an meine Eltern. Die einzelnen Schläge dort haben so wunderbare Namen wie Hexenberg, Pfortenwiese, Pumpenweide und Melkregel, und mit jeder dieser Koppeln verbinde ich ganz eigene, vielfarbige Erinnerungen. Seit meiner frühen Kindheit gehören sie zu meinem Leben wie die Kühe um mich herum, und wenn es stimmt, dass einem kurz vor dem Tod das eigene Leben als Film vor dem inneren Auge vorgeführt wird, dann bin ich sicher, dass die Depenauer Moorlandschaft in meinem Lebensfilm als Kulisse dient. Und die Kühe stehen daneben und gucken, wie Kühe eben gucken. Ach was, er stirbt? Egal. Wir fressen Gras.

In den ersten Jahren, bis 1976, waren all unsere Kühe über Sommer im Moor, und morgens und abends fuhren meine Eltern mit dem kleinen Fendt-Trecker und einem gelben einachsigen Anhänger ins Moor, um in dem alten Durchtreibemelkstand des Gutes zu melken. Vadder fuhr den Trecker, und neben den großen Milchkannen auf dem Anhänger saßen Mudder und ich, die Nasen im Wind. Im Moor angekommen, wurde der Anhänger neben der Melkmaschine abgestellt; Mudder und ich gingen die Kühe holen, während Vadder den Trecker, der mittels Gelenkwelle die Melkmaschine antrieb, vor selbige spannte. Dann waren Mudder und Vadder erst mal für anderthalb Stunden beschäftigt, also zog ich für gewöhnlich los und erkundete das Moor und den angrenzenden Birkenwald. Ich lernte, mich im Moor über die ganz nassen Stellen zu bewegen, ohne im Matsch zu versinken. Flink und elegant hüpfte ich von Grasbulten zu Grasbulten, als sei ich vielmehr Elfe als Elefant. Ich suchte nach Fröschen und Blindschleichen, und besonders glücklich war ich, wenn ich in einem Modderloch ein paar Kaulquappen fand. Die besuchte ich dann täglich, um ihre Entwicklungsfortschritte zu begutachten. Zwischen den Birken tollte ich herum und spielte mit mir selbst Cowboy und Indianer, ganz allein. Das war nicht immer einfach; denn ich verkörperte sowohl die Guten als auch die Bösen. Am Ende aber gewann Winnetou immer, und der war gut, soviel war mal klar. Manchmal legte ich mich auch einfach nur zwischen die Birken in das stachelige Gras und starrte hoch, in den Himmel, um den Wolken beim Fliegen zuzuschauen. Der Duft des Waldes und seine gedämpfte Stille machten mich schläfrig, und gelegentlich kam es vor, dass ich einschlief und erst vom gellenden Pfeifen meines Vadders unsanft geweckt wurde. Wenn er pfiff, hatte ich sofort, aber wirklich sofort anzutanzen; denn das bedeutete, dass meine Eltern das Melken beendet hatten. Nun mussten wir uns beeilen, nach Hause zu kommen, damit die Milch gekühlt werden konnte, um nicht sauer zu werden.

Diese Kindersommer im Moor haben mich geprägt; manchmal denke ich, dass in dieser Zeit ein gutes Stück Moor durch meine Haut in mich hineindiffundiert ist, und immer wieder fällt mir ein amerikanischer Spruch dazu ein, der eigentlich heißt: „You can take the boy out of Texas, but you can`t take Texas out of the boy." Auf mich angewendet, müsste er lauten: „You can take the boy out of the moor, but you can`t take the moor out of the boy." Im Moor habe ich mich immer zuhause gefühlt, und wenn ich die zartweißen Stämme der Birken sehe, seufzt mein Herz noch heute innerlich wohlig auf.

Ab 1977 wurden meine Besuche im Moor seltener; denn meine Eltern waren dazu übergegangen, die Milchkühe auf den Hofkoppeln zu halten und im heimischen Stall zu melken; denn so konnte die Milch schon während des Melkens gekühlt werden. Auf den ebeneren Moorweiden machten meine Eltern nun würzig duftendes Heu – ich erinnere mich gerne daran, wie gut der nachmittägliche Kuchen schmeckte, den Mudder meinem Vadder und mir brachte und den wir im Schatten des Treckers auf dem Boden sitzend mit dreckigen Fingern in uns hinein stopften – während auf den sumpfigen Koppeln unsere meist schwarzbunten Jungrinder, Starken genannt, und die Trockensteher, also die hochtragenden Kühe, welche in den letzten acht Wochen vor dem Kalben nicht gemolken werden, weideten. Täglich mussten diese Moorweiden nun kontrolliert werden: Funktion der Weidepumpen

zur Wasserversorgung prüfen, Kühe durchzählen, gucken, ob eine gekalbt hat oder „aufs Kalben zustellt",
wie meine Eltern immer sagten; denn Kühe, die kalben
wollen, sondern sich für gewöhnlich von der Herde ab
und verstecken sich im hohen Gras. Die Schwellung
der Euter beachten; ein gleichmäßig anschwellendes
Euter deutet im guten Falle auf eine bevorstehende
Kalbung hin, ein ungleichmäßig geschwollenes Euter
auf eine Entzündung darin. Und falls ein Tier gekalbt
hatte, was an einem blutigen Hinterteil oder an aus
der Scheide heraushängenden Nachgeburtsteilen zu
erkennen war, dann galt es, das Kalb zu finden, was
oftmals recht schwierig war, weil die Kälber sich im
hohen Gras ganz wunderbar effektiv zu verstecken
pflegten. Was den täglichen Besuch im Moor allerdings zu einer wirklichen Freude werden ließ, war der
Eimer Getreideschrot, den wir den Tieren immer mit-
brachten, um sie daran zu gewöhnen, dass sie zu uns
kommen sollten, wenn wir auftauchten. Bald schon
stürmten die Tiere auf uns zu, sobald wir übers Gatter stiegen, und wenn rund zwanzig Rinder im Moor
auf einen zu galoppieren, dann beginnt der Boden zu
beben und schweben und wabern und wabbeln, als
sei das Moor ein gigantisches Trampolin, auf welchem
ein paar Sandkörner hin und her geschwenkt werden,
ausgelöst durch das Hüpfen eines Riesen. So jedenfalls
stellte ich mir das immer vor, wenn der Boden zu beben begann, weil die Herde angelaufen kam, getrieben
vom Heißhunger auf das Kraftfutter.

Zunächst erledigten Vadder oder Mudder diese
täglichen Kontrollfahrten ins Moor, und nur, wenn

ein Kalb zu suchen war, musste ich mit, aber als ich sechzehn geworden war und den Treckerführerschein bestanden hatte, gehörte es bald zu meinen täglichen Aufgaben, die Fahrt ins Moor zu übernehmen. Das hat sich bis heute nicht geändert. Solange die Tiere draußen sind – in der Regel von Mai bis November – fahre ich täglich ins Moor, nur heute nicht mehr mit dem Trecker, sondern in der Regel mit dem Geländewagen; es sei denn, es gilt, eine Kuh und ein Kälbchen aus dem Moor abzuholen.

Einmal – ich glaube, es war, als ich siebzehn war, denn ich erinnere mich an die Jungsclique, mit der ich in dieser kurzen Zeit unterwegs war, bevor die ganzen Pärchen entstanden – einmal hatte eine Kuh gekalbt, am längsten Tag des Jahres; ein Mittsommerkalb war geboren. Ich hatte Mutter und Kalb miteinander im Gras liegen sehen; es war alles bestens gewesen, und ich fuhr heim, um gemeinsam mit meinem Vadder zurückzukehren und die Tiere mit dem Viehwagen abzuholen. Als wir dann im Moor ankamen, fanden wir die Kuh, aber das Kalb war verschwunden. Vadder und ich luden zunächst die Kuh auf, dann gingen wir getrennt durch das hohe Schilfgras, durch Binsen und Seggen. Wir suchten die ganze Weide ab. Das Kalb fanden wir nicht. Vadder meinte, das habe nichts zu sagen; Kälber könnten sich so klein machen und unter Grasbulten wegducken, dass man ihnen fast auf den Bauch treten könne, ohne sie zu entdecken. Nach zwei Stunden vergeblicher Suche meinte er, wir sollten am nächsten Tag wieder kommen und weiter suchen; dann würde das Kalb Hunger haben und nach seiner Mutter bölken.

Aber auch am nächsten Tag und am Tag danach fanden wir das Kalb nicht. Es war wie vom Erdboden verschluckt, und Vadder fing an zu mutmaßen, es könne in einen der zahlreichen Gräben gerutscht und infolgedessen ertrunken sein. Dann würden wir es erst in einigen Wochen wieder finden, meinte er, wenn es aufgasen und als aufgedunsene Wasserleiche an die Oberfläche steigen würde.

Am dritten Tag nach Verschwinden des Kalbes – es war ein Sonnabend – wollte ich abends gemeinsam mit meinen Kumpels Locke, Siggi und Ulli zu einem Grillfest in Dersau. Wir hatten vor, mit unseren Mopeds zu fahren. Da wir an jenem Tag Heu gepresst hatten, war bislang niemand im Moor gewesen, um die Tiere zu zählen. Ich überredete meine Freunde, mit mir gemeinsam dorthin zu fahren, bevor wir anschließend nach Dersau wollten. An der Weide angekommen, stellten wir unsere Mopeds ab und stiegen über das Gatter. Sofort kamen die Tiere angerannt und waren sehr enttäuscht, dass ich keinen Schroteimer dabei hatte.

Die Rinder waren alle da; die Pumpe funktionierte, und ich erzählte den anderen von dem verschwundenen Kalb. Ich bat sie, leise zu sein und auf ein mögliches klägliches Kälberbölken zu lauschen „Ungefähr so?", fragte Locke und bölkte kläglich: „Mööh!" Unglaublicherweise erklang sofort ein Antwortbölken von der Weide jenseits des Grabens. Mit großen Augen blickten wir hinüber, und da erhob sich zitternd ein

Kalb und guckte sich suchend um. Wir lachten fröhlich. Jetzt mussten wir es nur noch einfangen. Das sollte nicht allzu schwer sein; schließlich waren wir zu viert. Nachdem wir den Graben überquert hatten, gelang es uns tatsächlich, das Kalb vorsichtig einzukreisen und den Ring anschließend so lange zu verengen, dass es nicht mehr fliehen konnte. Am Ende wollte es sich an mir vorbei stürzen, aber ich hechtete nach ihm und hielt es fest. Nun klagte es noch kläglicher, aber es nützte alles nichts: Wir hatten es.

Abwechselnd trugen wir es zu den Mopeds. Wir überlegten, wie wir es nach Hause transportieren konnten. Ulli fiel ein, dass er im Werkzeugfach seines Mopeds einen Strick und ein elastisches Gepäckband hatte. Wir banden dem Kalb die Füße zusammen und befestigten es anschließend mit dem Gepäckband auf dem Sozius meines Mopeds. Es sah nicht superbequem aus, aber es musste ja auch nur drei Kilometer weit halten. Vorsichtig fuhren wir los, im Konvoi zurück nach Hause. Als wir im letzten Licht des Sommerabends auf den Hof fuhren, machte Vadder gerade seine Gute-Nacht-Runde durch den Stall. Als er uns sah, freute er sich wie ein kleiner Junge. Ich meinte sogar zu sehen, dass der alte harte Hund sich eine glitzernde Freudenträne verkniff. Gemeinsam banden wir das Kalb los und brachten es zu seiner Mutter, die meine Eltern über Nacht im Stall gelassen hatten, weil sie schon tagsüber so unruhig ihr Kalb gesucht hatte, dass zu befürchten war, sie würde im Dunkeln den Viehzaun durchbrechen und zurück ins Moor laufen.

Es ging schnell. Ein Muhen, ein Bölken, und schmatzend fand das Kalb die Zitze. Freudig erregt wedelte es mit dem Schwanz, während Vadder ins Haus ging, um sein Portemonnaie und für jeden von uns eine Cola zu holen. Er gab jedem zwanzig Mark für das Grillfest und noch zwei Mark extra dazu. „Kauft euch `ne Wurst!", sagte er. Der Abend war gerettet. Ebenso wie das Kalb.

Kühe holen

Neulich hatte ich wenig Zeit und
bat meinen zwölfjährigen Sohn darum
für mich die Kühe zu holen
obwohl ich das eigentlich selbst so gern tue

(ein Spaziergang in Ruhe
Zeit nachzudenken
und dabei noch nicht einmal
das Gefühl zu haben
faul zu sein)

also zog Jon seine Gummistiefel an
schnappte sich den Schaufelstiel
als Hirtenstab und ging los

später
als ich schon am Melken war
kam er zu mir in den Melkstand
und sagte

Pabba
du kannst mich ruhig öfter mal fragen
ob ich für dich die Kühe hole
wenn ich so mit den Gummistiefeln
und dem Stock über die Weide gehe
das finde ich cool
ich freute mich und sagte

ja Jon
das finde ich auch

Baby Baum und Papa Baum

Als ich ein Grundschulkind war, freute ich mich in der Vorweihnachtszeit gar nicht so sehr auf Heiligabend. Gewiss, natürlich wollte ich endlich die Geschenke haben, aber meist hatte ich mich schon Tage vor der Bescherung ins Schlafzimmer meiner Eltern geschlichen, während sie im Stall am Melken waren, und für gewöhnlich fand ich alles. Also war die Überraschungsspannung passé, und es galt zu warten, endlos zu warten. Denn obwohl mein Bruder Udo und ich zu zweit waren und meine Eltern auch, so war Weihnachten in meiner Kindheit immer zuallererst ein Erwachsenenfest. Oma und Opa waren da, und meist auch Tante Rosi aus Hamburg, die, obwohl oder gerade weil in jungen Jahren ein heißer Feger, noch unverheiratet war.

Heiligabend war immer ein Tag, der sich endlos in die Länge zog. Klar, Udo und ich waren in der Regel früh wach. Vadder und Mudder waren da noch im Stall, und da das Fernsehprogramm in der Frühe nichts als das Testbild sendete, langweilten wir uns, und bald fingen wir aus lauter Langeweile an zu streiten. Da Udo fast fünf Jahre älter ist als ich, liefen unsere Streitigkeiten immer ähnlich ab: Ich nervte ihn. Er sagte: „Hör auf, du Spasti!" Ich nervte weiter. Er rief: „Kennst du Anne?" „ Nee, wer ist Anne?", fragte ich. „Anne Fresse!", antwortete er, und dann lernte ich Anne Fresse kennen. Heulend lief ich raus in den Stall und petzte bei Mudder. Udo kriegte Mecker, was dazu führte, dass ich später zu passender Gelegenheit noch nähere Bekanntschaft mit Anne Fresse machen durfte. Sie war mir bald so vertraut wie keine andere Freundin. Trotzdem tut mein Bruder mir immer noch leid; denn ich war wirklich eine ziemliche Nervensäge. Wahrscheinlich war meine Anwesenheit für ihn nur im Beisein von Anne Fresse zu ertragen.

Den Heiligabendvormittag verbrachten Udo und ich also vorzugsweise streitend. Nach dem Mittagessen holte Vadder Oma und Opa ab, und wir mussten staubsaugen und den Weihnachtsbaum schmücken, womit wir in Nullkommanix fertig waren. Dann gab es Kaffee und Kuchen; irgendwann kam Tante Rosi; die Erwachsenen saßen am Tisch und laberten endlos, bis Vadder und Mudder in den Stall gingen. Udo und ich warteten. Die Uhr auf dem Wohnzimmerschrank tickte laut und viel langsamer als sonst. Oma und Tante Rosi spülten Geschirr und schälten Kartoffeln, während Opa schlief und Udo und ich warteten. Wenn dann alle Kühe gemistet, gefüttert, gemolken und eingestreut waren und auch die Schweine und die Hühner zufrieden, kamen meine Eltern rein. Mudder kochte, unterstützt von Oma und Tante Rosi. Opa und Vadder dösten vor sich hin; Udo und ich warteten. Irgendwann ging das Essen los, und das dauerte ewig. Udo und ich waren längst satt und warteten, während die Erwachsenen noch aßen, Wein und Grog und Weingrog soffen und wieder endlos laberten. Nach dem Dessert wurden noch Weihnachtslieder gesungen, und wenn es endlich soweit war, dass die Bescherung losgehen konnte, lag ich meist irgendwo auf dem Fußboden herum und schlief. Da ich aus Erfahrung wusste, dass der Heiligabend überwiegend aus Warten bestand, hoffte ich immer, man könne ihn einfach vorspulen wie den Kassettenrekorder meines Bruders. Zack! wäre es erster Weihnachtstag, und ich könnte ausgeschlafen das neue Spielzeug ausprobieren, ohne warten zu müssen. Das wär was!

Statt auf Heiligabend freute ich mich in der Vorweihnachtszeit auf drei andere Sachen. Zuallererst freute ich mich auf den ersten Marzipanstollen. Wobei ich nicht recht wusste, was dieses so leckere Gebäck mit dem Kumpel meines Bruders zu tun hatte, der auch „Stollen" hieß. Solche Begriffsgleichheiten brachten mich als Kind immer sehr durcheinander. „Stollen" war nichts als eine liebenswürdige Verballhornung seines Nachnamens, die nahe lag, weil Stollen in der Fußballmannschaft meines Bruders einen knallharten Verteidiger gab, so dass er nach besonders hartem Einsteigen oft auch „Eisenstollen" genannt wurde. Da es aber nicht ungewöhnlich war, dass die großen Jungs sich nur mit Nachnamen riefen, dachte ich lange Zeit, „Eisen" sei Stollens Vorname und „Stollen" sein Nachname. Und manchmal stellte ich mir vor, wie Eisen Stollen mit einer Grubenlampe am Kopf und einer Spitzhacke in der Hand in einem Bergwerksstollen stand und Marzipanstollen aus dem Gestein kloppte, die dann verpackt und in den Supermarkt gebracht wurden, aus dem Mudder sie wegkaufte, um sie bei uns zuhause in dicke Scheiben zu schneiden, mit Butter zu beschmieren und an mich zu verfüttern. Oh, was liebte ich Marzipanstollen! Allein schon dieser Duft und der beim Anfassen herabrieselnde Puderzucker! Und in der Mitte, unter der Butter, diese Insel aus Marzipan, die sich mit der Zunge am Gaumen breit drücken ließ und die beim langsamen Im-Mund-Zergehen-Lassen so wunderbar kitzelte. Noch immer freue ich mich im Herbst sehr auf den ersten Marzipanstollen, obwohl ich inzwischen weiß, dass es sich dabei nicht um einen Bodenschatz, sondern um ein gewöhnliches Gebäck handelt. Und Eisen Stollen wohnt immer noch in unserem Dorf. Nachdem er seine Fußballerkarriere schon mit siebzehn beendete, weil „Saufen und Fußballspielen nicht zusammen passen" (O-Ton Stollen), verdient er heute als freundlicher Allroundhandwerker sein Geld. Er trägt immer noch Kutte und Vokuhila. Das heißt, eigentlich eher „Onihila": Oben nix, hinten lang. Ein Original.

Zweitens freute ich mich aufs Karpfen holen. Mein Vadder hatte mit einem benachbarten Karpfenteichbewirtschafter, der einen Karpfenteichbewässerungsgraben über unser Land gebuddelt hatte, als Pachtzins einen Doppelzentner Karpfen pro Jahr ausgemacht. In der Vorweihnachtszeit holten wir mit unserem zitronengelben VW Käfer immer eine riesige Zinkwanne voller lebender Karpfen vom Fischer. Vadder versorgte fast unser ganzes Dorf mit Weihnachtskarpfen – gegen Geld oder als Weihnachtsgeschenk im Gegenzug zur Hilfe bei der Ernte oder beim Holzmachen. Bevor wir zum Fischer fuhren, baute Vadder immer den Beifahrersitz des Käfers aus. An dessen Stelle wurde die Zinkwanne gestellt, welche nur mäßig mit Wasser gefüllt war, damit die Karpfen auf der Fahrt nicht eintrockneten. Beim Fischer durfte ich manchmal mit dem Kescher die Karpfen aus dem vollen Becken fischen, und wenn die Wanne voll war, fuhren Vadder und ich unsere Runde durchs Dorf. Ich saß auf der Rückbank und passte auf, während die Fische in der Wanne träge hin- und herschwappten. Dunkel und glitschig lagen sie aufeinander und schnappten verzweifelt nach Luft, und wenn einer aus der Wanne hüpfte, musste ich ihn im Auto wieder einfangen. Bei den Karpfenempfängern angekommen, packte Vadder immer einen oder zwei in eine Plastiktüte, und ich durfte die Fische zur Haustür bringen. Da öffneten meist die feiertagsfleißigen Frauen mit ihren Kittelschürzen und ihren rosigen Wangen, und meist bekam ich reichlich Naschi und manchmal sogar einen Marzipanstollen nur für mich. Das war toll.

Drittens liebte ich das Weihnachtsbaumholen. Damals gab es noch keine Weihnachtsbaumplantagen, jedenfalls nicht bei uns. Vadder und ich holten immer zwei Weihnachtsbäume aus dem dunklen Mischwald am Depenauer Moor: einen kleinen für Oma und Opa, und einen großen für uns. Einen Tag vor Weihnachten fuhren wir mit dem kleinen Frontladertrecker los, dick eingemummelt, ausgerüstet mit Parka, Mütze, Schal, dicken Handschuhen und der Bügelsäge. Es war die Zeit, bevor geschlossene Treckerkabinen sich durchsetzten. Unser Fendt hatte ein Verdeck und eine Frontscheibe, aber keine Seitenscheiben. Der Beifahrersitz befand sich auf dem linken Kotflügel, und während

Vadder den schmalen, verschneiten Waldweg entlang fuhr – denn natürlich liegt in meiner Erinnerung
zu Weihnachten Schnee – streifte der Frontlader die
schneeverhangenen Äste, und der feine Pulverschnee
wehte mir um die Ohren, was ich halb wunderbar und
halb eklig fand. Es gab so vieles, was ich halb wunderbar und halb eklig fand, und das waren die besten Sachen, zum Beispiel Brausepulver, Schaumzuckerware,
von uns „Schweinespeck" genannt, und nicht zuletzt
Sandra aus meiner Klasse: alles halb wunderbar und
halb eklig, also wunderbar. Im Wald angekommen,
stellte Vadder den Trecker ab, und wir stiefelten durch
den Schnee, jeder die Bügelsäge an einem Ende fest
haltend, so dass wir fast Hand in Hand gingen, wofür
ich mich eigentlich schon viel zu groß und zu cool fand,
so dass es gut war, dass es die Säge gab, die uns verband und trennte, wir zogen also weiter, immer Aus-
schau haltend nach „Baby Baum und Papa Baum", wie
ich sagte. Dann sahen wir sie, und sie mussten für uns
sterben. Gemeinsam führten wir die Säge, und Vadder
sagte: „Locker, und mit Schwung!", und obwohl ich eigentlich nicht wusste, wie er das meinte, klappte es.
Bald lagen Baby Baum und Papa Baum aufstellfertig in
der Frontladerschaufel, und wir fuhren zuerst zu Oma
und Opa, um den Baum abzuliefern. Beide freuten
sich. Opa begann sofort, Baby Baum auf den Fuß zu
montieren, während Oma darauf bestand, dass wir einen heißen Tee tranken und einen Omaburger aßen:
Das war eine Scheibe Weißbrot mit Honig und einem
Stück Kuchen oben drauf geklebt. Das war lecker, so
süß, halb wunderbar und halb eklig, also wunderbar,

und ich hätte gern noch ein Stück gegessen, aber Vadder sagte, wir müssten los, er müsse in den Stall, aber als wir zuhause ankamen, war Besuch da, ein Vertreter machte seine Weihnachtsrunde. Mudder hatte Kaffee gekocht, und in der mollig warmen Küche gab es Marzipanstollen mit Butter. Es duftete so schwer, und eine wohlige Müdigkeit umfing mich, bis ich mich auf die Küchenbank legte und langsam in einen Traum von Marzipanbergwerksstollen hinüberdämmerte.

Ein solcher Baby-Baum-und-Papa-Baum-Tag war perfekt, und ehrlich, ganz ehrlich: Der sterbenslangweilige Heiligabend war nix dagegen.

Size doesn`t matter

Zu meinen Auftritten mit meinen Geschichten gehört es, dass ich natürlich auch von meinem Betrieb erzähle, berichte, wie viel Fläche wir bewirtschaften, wie viel Kühe in unserem Stall stehen und so weiter. Gerade Bauern hören da immer besonders aufmerksam zu. Wenn ich dann sage, dass wir fünfzig Milchkühe haben, geht oft ein kleines Raunen durch die Bauernschaft, und ich höre Kommentare, die sich bewegen zwischen: „Zum Leben zu wenig, zum Sterben zu viel!" und „Kein Wunder, dass der Zeit zum Bücher Schreiben hat." Während nichtlandwirtschaftliches Publikum dann oft sagt: „Soo viele Kühe? Das ist doch sicherlich unheimlich viel Arbeit! Haben Sie schon einmal Urlaub gemacht?" Und neulich kam nach einem Leseabend ein Bauer zu mir ans Lesepult und wollte meine Hände sehen, bevor er glauben wollte, dass ich noch in der Landwirtschaft arbeite.

Tatsächlich merke ich im Laufe der Zeit, dass mein Viehbestand, obwohl eigentlich mehr oder weniger gleich groß, doch immer unterdurchschnittlicher wird. Stillstand ist Rückschritt, das ist auch so ein bekloppter Wirtschaftsfetischistenspruch. Und natürlich ist es unmöglich, mit einer großen Familie von 50 Milchkühen zu leben, aber ob man mit 500 Milchkühen wirklich besser lebt, wage ich doch zumindest zu bezweifeln. Und ob die Kühe in einer solch großen

Herde wirklich besser dran sind, im modernsten Stall, aber in der Regel auch ohne Weidegang, diese Frage muss wohl jeder für sich selbst beantworten. Ich weiß zwar, dass ganzjährige Stallhaltung möglich ist – die meisten Kühe müssen längst so leben – aber wenn ich meine Kühe am ersten Weidetag des Frühjahrs vor unbändiger Freude übers Gras tanzen sehe, dann weiß ich auch: Ganzjährige Stallhaltung ist fies. Fürs Vieh, aber auch für den Bauern. Denn er sieht seine Kühe nicht tanzen.

Ab und zu kommen Bauern zu meinen Lesungen, die haben Ställe gebaut für hunderte von Tieren, sagen Sätze wie „Wir haben unsere Hausaufgaben gemacht!" oder „Wir sind für die Zukunft gut aufgestellt!", aber ihre Augen zeigen mir, wie unglücklich sie sind in ihrem Leben, eingezwängt zwischen Stall und Bank, vor Augen nur die breite Straße gerade vor, aber niemals ein Ziel; denn Stillstand ist Rückschritt, blabla, und sie haben Angst, dass sie niemals ankommen, und sie werden nicht ankommen. Und sie suchen Trost in meinen Geschichten, aber sie werden das Wachstum nicht hinterfragen. Denn sie sind gut aufgestellt. Glauben sie.

Ganz selten nur trete ich mal auf Höfen auf, die kleinere Milchviehherden haben als ich. Da komme ich mir dann zuweilen vor wie ein Agrarindustrieller. So war ich im vergangenen Sommer zur Stalleinweihung von Schloss Tonndorf in Thüringen. Dort hatte eine Bäuerin gerade anfangen zu melken; die auf Schloss Tonndorf ansässige Lebensgemeinschaft wollte eigene Milch von eigenen Kühen. Solch einen Fall hatte die Agrarverwaltung schon lange nicht gehabt: Jemand wollte in Milchviehhaltung einsteigen! Mit nur wenigen Kühen! Sie mussten erst mal in der Zentrale nachfragen, ob so etwas überhaupt möglich ist.

Ja. Es ist möglich. Als ich dort war, gab es drei Angeliter Rinder im Stall. Zwei standen noch trocken; einige sollten noch hinzukommen; eine wurde bereits gemolken. In der Pause meiner Lesung – die natürlich im Stall bei den Kühen stattfand – stießen alle Gäste mit der Bäuerin an, jede und jeder mit einem Schnapsglas voll Milch in der Hand. Und die Bäuerin strahlte von innen. Ich freute mich mit ihr. Sie war so glücklich mit ihren drei Kühen, mit ihrem Anfang, den sie gewagt hatte und dem mit Sicherheit ein Zauber innewohnte.

Tja, und egal, wie viele Kühe man hat: 5, 50 oder 500... man muss für sie da sein. Da spielt Größe keine Rolle. Und ich denke oft: Der Erfolg mag mit den Großen sein, vordergründig. Aber ist es auch das Glück? Und was soll ein Leben ohne Glück?

Fahren
(für David Crosby)

Manchmal ist es wunderbar
einfach nur zu fahren

an beschissenen Tagen beispielsweise
wenn alles schief läuft und
ich wünschte
ich wäre niemals aufgestanden

wenn dann ein Anruf kommt
Papa, kannst du mich mal eben abholen?
dann freu ich mich

einfach nur fahren
ich weiß
wie das geht
Musik hören
die Landschaft vorbei rauschen lassen und
atmen
nichts denken
möglichst nichts denken

anders als ein Leben
fährt ein Auto
immer so
wie man es lenkt

anders als ein Leben
ist ein Auto
einfach

Ort A
Ort B
fahr
ankomm
fertig

manchmal wünschte ich
ein Leben wär genauso

Mein Birkenland

Es war Sommer, ein drückend heißer Tag. Es hatte an die Haustür der Kate geklopft, und ich hatte es nicht gehört. Ich saß an meinem Schreibtisch, trank Tee – heiß gegen heiß, wie mein Opa immer gesagt hatte – schrieb Tagebuch und hörte Musik, laut, Van Morrison, „Summertime in England".

Dann klopfte es wieder. Diesmal hörte ich es und wollte gerade aufstehen, um zur Tür zu gehen; da flog diese schon auf, und sie stand vor mir. Sie lächelte nicht, nein, sie lachte, ihr lautes, wildes Lachen, das ich niemals vergessen werde. „Hey!", rief sie, „ich komm dich besuchen! Hast du Zeit?" „Klar!", log ich. Zwar hatte ich mir für die wenigen freien Tagen zwischen meiner landwirtschaftlichen Lehre und dem Beginn des Zivildienstes so einiges vorgenommen – vor allem wollte ich die kleine Kate meiner Großeltern, die seit dem Tod meines Opas leer gestanden und die ich gerade notdürftig instandgesetzt hatte, weiter renovieren, aber wenn Katrin nun plötzlich vor mir stand, aus heiterem Himmel, dann war alles anders, so viel wusste ich.

Ich hatte sie über ein Jahr lang nicht gesehen und auch nichts von ihr gehört. Kennen gelernt hatte ich sie während meiner landwirtschaftlichen Lehre; obwohl sie aus der großen Stadt kam – sie war in Frankfurt am Main aufgewachsen – hatte sie im Kreis Plön das erste

Jahr ihrer Lehre gemacht. Wir waren in einer Berufs-
schulklasse; wir beide fühlten uns auf unseren Ausbil-
dungsbetrieben nicht wohl. Schon am ersten Schultag
standen wir in den Pausen gemeinsam auf dem Schul-
hof, und ich wusste nun, als sie mir so urplötzlich wieder gegenüber stand, noch zu gut, wie hingerissen ich
damals von ihr gewesen war. Wenige Wochen, nachdem wir uns erstmals begegnet waren, fingen wir an,
uns abends, nach der Arbeit, zu treffen, und bald hatte
zwischen uns eine zarte Liebesgeschichte begonnen.
Wir laberten über unsere Chefs, bis wir uns ausgekotzt
hatten, und dann hielten wir einander fest und trö-
steten uns. Für uns beide war es schon die zweite Lehrstelle im ersten Ausbildungsjahr, und wir wollten das
Ding durchziehen. Das war nicht leicht, aber gemeinsam hatten wir es geschafft. Wie viele öde Tage voll
stumpfer Maloche hatte ich nur deshalb durchgestan-
den, weil wir am Abend verabredet waren! Ich liebte
den Duft ihrer wilden Haare, liebte das freche Lachen
aus ihrem schmalen Mund, liebte ihre weichen Lippen,
liebte die eisgrauen Augen mit dem zartgrünen Ring
rund um die Pupillen, liebte ihre kleine runde Brille
und die Sorgfalt, mit der sie sie zusammen klappte und
weg legte, bevor wir uns küssten, liebte alles an ihr. Ich
wusste, dass sie daheim in Frankfurt mit einem festen
Freund zusammen war, und sie selbst hatte niemals
einen Zweifel daran gelassen, dass sie mich zwar hier,
im Ausnahmezustand der landwirtschaftlichen Lehre,
gebraucht hatte, um da irgendwie durch zu kommen,
dass ihr Freund in Frankfurt aber der Mann ihres Lebens sein und bleiben würde. Also hatte ich mich – ein

wenig traurig zwar, aber immerhin – eingefügt und mir vorgenommen, die Zeit mit ihr einfach zu genießen, solange es nun einmal dauern würde.

Dann war das Lehrjahr zu Ende gegangen. Am letzten Schultag erhielten wir unsere Berufsschulzeugnisse. Sie wollte noch am selben Tag heim fahren, Richtung Frankfurt, und unentschlossen standen wir beide nach Schulschluss vor der Berufsschule, bis ich all meinen Mut zusammen nahm und fragte, ob sie mit mir schwimmen gehen wolle, im Stolper See. Sie wollte. Und so fuhren wir hintereinander her zur einsamen Badestelle im Wald. Wir schwammen schweigend , und als wir später da standen, um uns abzutrocknen, da versuchte ich, mir alles an ihr genau einzuprägen, wissend, dass ein solcher Moment wohl kaum wiederkommen würde. Wir küssten uns zum Abschied; ein letztes Mal nahm ich ihren Geruch in mich auf; dann war sie gefahren. Sie freute sich auf zuhause, und ich tat so, als freute ich mich mit ihr. Erst als ihr gelber Golf außer Sichtweite war, fing ich an zu heulen. Meine Gott, ich hatte sie geliebt!

Jetzt stand sie plötzlich vor mir, in meinem noch leicht muffigen neuen Zuhause. Die Lehre hatten wir nun beide hinter uns; sie hatte das zweite Lehrjahr in der Nähe Frankfurts gemacht, um nah bei ihrem Freund zu sein. Katrin lachte: „Ich war grad in der Gegend, da habe ich gedacht, ich guck mal bei dir ein. Morgen schon muss ich weiter. Was machen wir?" „Wir könnten schwimmen gehen", antwortete ich, „und dann zeig ich dir mein Birkenland." „Dein was?", fragte sie. „Mein Birkenland. Ich weiß, das hört sich schlimm an. Ein Grund mehr, die Nazis zu hassen. Wegen denen kann man so schöne deutsche Worte wie Buchenwald, Birkenau, Erlenbruch oder Eichengrund nicht mehr sagen, ohne gleich an Konzentrationslager zu denken. Birkenland – so nenne ich das Moor, in dem unsere Jungtiere weiden. Rundherum, dort, wo es zu nass ist für die Kühe, da stehen die Weiden, die Erlen und die Birken. Es ist wunderschön, glaub mir. Es wird dir gefallen!"

Schnell packte ich meinen Rucksack. Ein paar Kekse, eine Flasche Wasser, zwei Handtücher und eine Baumwolldecke. Meine Badehose vergaß ich. Sie holte noch ihren Rucksack aus dem gelben Golf mit dem MTK-Kennzeichen. Ich wusste, dass das für „Main-Taunus-Kreis" stand, aber für mich hatte es immer „Meine tolle Katrin" bedeutet, obwohl ich natürlich immer jegliche Besitzansprüche weit von mir gewiesen hätte und außerdem mit allem zufrieden war, was von ihr für mich abzufallen beliebte. Dann gingen wir auf dem Spurplattenweg Richtung See, jeder auf einer Spur für sich, parallel, zwei ziemlich krumme Geraden, die sich aber niemals schneiden würden. Ich entschied mich für die einsame Badestelle am Waldrand. Schließlich hatte ich – ups! – keine Badehose dabei.

„Was machst du hier im Norden?", fragte ich sie, und sie antwortete: „Ich hab meine Großeltern in Hohenlockstedt besucht. Und morgen Abend muss ich wieder in Frankfurt sein, weil Andreas und ich übermorgen in Urlaub fahren. Nach Südfrankreich!" Es schüttelte mich immer noch, wenn sie von ihrem Freund erzählte. „Die Sau!", dachte ich dann sofort und kam mir gleich schäbig vor, weil ich ihn doch gar nicht kannte. „Und was machst du nach dem Urlaub? Landwirtschaft?" „Nee", sagte sie, „damit bin ich erst mal durch. Ich mach mein Abi nach. Es war ein Fehler, damals die Schule abzubrechen." „Aber dann hätten wir uns nie kennen gelernt", wandte ich ein. „Doch. Hätten wir.", sagte sie bestimmt. Und wir schwiegen, bis wir am See ankamen.

Schnell zogen wir unsere Klamotten aus. Je mehr ich von ihr zu sehen bekam, desto unglaublicher fand ich ihre Schönheit. Sie war alles: zart und zäh, schmal und kräftig, mit üppigen, elastischen Brüsten, an denen mir sofort auffiel, dass die linke minimal größer war als die rechte. Ich musste lachen. „Was hast du?", fragte sie, und ich sagte: „Nichts. Du bist nur so wunderschön." Und sie drehte sich zu mir und präsentierte sich, lächelnd, ihr Selbstbewusstsein imponierte mir. Sie wusste, wie unglaublich sexy sie war. „Schau mich an!", sagte ihr Blick, und ganz in Ruhe betrachtete ich sie. Mir fiel ihr kleiner Bauch auf. Vom Bauchnabel abwärts führte eine breite Straße dunkler Haare hinab in ihren Schritt. Wieder musste ich lachen, denn mir fiel ein legendärer Songtitel von AC/DC ein: „Highway to Hell".

Wir gingen ins Wasser und schwammen. Es war warm, nach etlichen Tagen relativer Hitze sogar im unteren Bereich. Wir konnten nun über den See in Richtung Süden blicken. Am Horizont begann eine dunkelblaue Gewitterfront sich langsam aufzutürmen. „Bevor es zu blitzen anfängt, sollten wir wieder aus dem Wasser sein", sagte ich, aber sie schwamm noch ein Stück weiter. Später standen wir gemeinsam am Ufer und trockneten uns ab. „Ins Birkenland oder nach Hause?", fragte ich sie. „Ins Birkenland!", antwortete sie, „Wir haben nur diesen einen Abend!" „Und wenn uns das Gewitter erwischt?" „Werden wir nass...", sagte sie und lächelte. Und wir gingen von der Badestelle aus auf dem Feldweg Richtung Moor. Irgendwann ergriff sie meine Hand, und schweigend schlenderten wir nun Hand in Hand tiefer ins Moor, bis wir die ersten Birken erblickten. Da fing ich an zu erzählen. Vom Moor, in welchem meine Eltern schon seit fast zwanzig Jahren das nasse Grünland gepachtet hatten, nachdem der Gutshof seine Milchviehhaltung aufgegeben hatte, von meiner Kinderzeit, als ich meine Eltern oft zum Weidemelkstand begleitet hatte; ich pflegte im Moor zu spielen, während meine Eltern molken; ich erzählte vom Modder, der über den Rand in die Gummistiefel lief und von meiner liebsten Moorsportart: dem Grasbultenhüpfen, von einem zum anderen, ohne dass man nasse Füße bekam. Ich sprach vom Beben und Schwingen des Moorbodens, wenn die Kuhherde ins Laufen kam, von versunkenen Radladern und Baggern, von Kopfweiden, Erlenbrüchen und dem zarten Schmutzigweiß der Birkenrinde, von der Birke überhaupt, die immer mein Lieblingsbaum bleiben würde, obwohl sie, wie mein Vater immer sagte, eigentlich „nichts als Unkraut" sei. Schließlich erzählte ich von einem Filmausschnitt, den ich eines Sonnabendnachts im Fernsehen gesehen hatte, nachdem ich aufgewacht war und nicht wieder einschlafen konnte. In diesem Film, dessen Name und komplette Story ich nicht kannte, war ein Pärchen auf der Flucht vor der Polizei in einer einsamen Gegend voller nicht enden wollender Birkenwälder in ein luxuriöses Ferienhaus eingebrochen. Scheinbar war ihnen niemand auf der Spur; denn sie ließen es sich äußerst gut gehen, schwammen im beheizten Pool, vögelten ohne Unterlass, soffen die Hausbar und fraßen die Speisekammer leer. Wie der Film weiter ging, wusste ich nicht, aber diese wie aus Zeit und Raum gefallene, sorglose, fast paradiesische Ferienhausepisode war mir unauslöschlich in meine Seele eingebrannt. Ich dachte oft an sie.

Ich guckte Katrin an. Aufmerksam hatte sie zugehört, hatte mich reden lassen. Jetzt sagte sie: „Guck mal, der Himmel. Gleich bricht es los." Ich sah mich um. Fast dunkel war es, und wie immer vor heftigen Gewittern hatte ich den Eindruck, alles sei ganz still. „Wohin?", fragte sie. Wir waren inzwischen am Rande des Moores angekommen. Der erste Acker war in Sicht; hier hatte Bauer Eberhard Hafer angebaut. Der war inzwischen abgeerntet; ein Teil des Strohs lag noch im Schwad, ein Teil war schon aufgepresst. Auf dem Acker stand noch einer von Eberhards Gitterwagen, voll mit Strohballen. „Komm schnell, zum Strohwagen!", rief ich ihr zu. Und wir liefen.

Als wir näher kamen, sah ich, dass wir Glück hatten. Wenn ich mich nicht irrte, hatte Eberhard drei Gitterwagen, von denen zwei in erbarmungswürdigem Zustand waren. Dies jedoch war der Krone-Kipper mit dem stabilen Metallboden, der nur zur Erntezeit zum Gitterwagen umfunktioniert wurde. Dieser Kipper würde unser regendichtes Dach sein, unser Unterstand, unsere Bushaltestelle, unser „Shelter from the Storm", wie Bob Dylan vielleicht sagen würde. Die ersten dicken Regentropfen fielen herab, da waren wir schon am Hänger. Katrin krabbelte sofort darunter, aber ich öffnete noch schnell die Ketten und warf zwei Dutzend Klappen Haferstroh runter und dann nach und nach unter den Hänger. Mit acht Klappen baute Katrin mittig eine Liegefläche, während ich mit den restlichen alle Lücken unter dem Hänger dicht stopfte. Die ganze Zeit über lachten Katrin und ich. „Wenn uns jetzt jemand sieht!", dachte ich wieder und wieder, aber ich ließ mich in meinem Arbeitseifer nicht bremsen. Als das Gewitter schließlich los brach, hatten Katrin und ich innerhalb weniger Minuten ein regendichtes, bestens isoliertes Zuhause gebaut. Und das Bett war auch schon fertig; Katrin hatte die Baumwolldecke bereits auf der Liegefläche aus Strohklappen ausgebreitet.

Draußen stürmte, hagelte und regnete es wie wild; es war fast dunkel, und Katrin und ich konnten spüren, dass der Wind am Gitterwagen zerrte. „Sind wir hier auch sicher? Was ist, wenn ein Blitz in den Hänger einschlägt?", fragte Katrin. Ich war da zwar nicht sicher, aber ich beruhigte sie. „Uns kann nichts passieren!", behauptete ich. „Hast du in Physik nicht aufgepasst? Hier, unter dem Hänger, sind wir in einem... wie heißt das nochmal... paradiesischen Käfig! Außerdem schlägt so ein Blitz bestimmt lieber in eine Birke ein als in so einen blöden Strohhänger!" So hirnverbrannt meine Worte auch waren, Katrin entspannte sich langsam. Wir krabbelten auf unser Bett, holten unsere feuchten, nach Stolper See duftenden Handtücher aus dem Rucksack und legten sie uns als Kopfkissen in den Nacken. Innerhalb weniger Minuten war es ordentlich abgekühlt. Uns fröstelte. Und während draußen der Donnersturm tobte, nahm sie ihre Brille ab, klappte sie zusammen und legte sie auf die Achse des Hängers. Dann sanken wir einander in die Arme. Um uns zu wärmen, um uns zu erhitzen. Wir begannen ganz vorsichtig, uns zu küssen, schweigend, atmend. Ich fing – wie immer, wenn ich mit Frauen zusammen war – vor lauter Leben in mir an zu zittern, und ich hoffte, all mein großes Gefühl für Katrin in diesen Augenblick, in diese paar Minuten gießen zu können. Während wir uns liebten, ganz behutsam, sie lag unter mir, anders ging es nicht, denn die Kopffreiheit zum Metallboden des Hängers war mehr als eingeschränkt, umarmte sie mich und hielt mich fest, ganz fest, und ich wünschte einen Moment lang, dieses Gefühl in mir, in ihr möge niemals zu Ende gehen.

Später – es war Nacht geworden; inzwischen war es wirklich dunkel – lagen wir eng umschlungen beieinander. Der Sturm war vorbei; draußen war es sehr still. „Meinst du, der Bauer kommt heute noch, um seinen Hänger zu holen?", fragte sie leise. „Nee, bestimmt nicht.", antwortete ich. „Eberhard ist nicht so fix. Und so viel, wie es geregnet hat – nun, ich würde das Stroh auch erst ein bisschen trocknen lassen, bevor ich es rein bringe. Nee, uns stört hier keiner." „Dann lass uns hier bleiben heute Nacht...", flüsterte sie. Und während sie in meinem Arm langsam einschlief, ruhte meine große Hand auf der Haut unterhalb ihres Bauches – mitten auf dem Highway to Hell.

Ich lächelte, und wieder musste ich an den Film denken. Wie das Pärchen im Film waren Katrin und ich aus Zeit und Raum gefallen, aber statt in einem luxuriösen Ferienhaus mit beheiztem Pool, exquisiter Hausbar und voller Speisekammer waren wir unter einem Krone-Kipper mit Haferstroh gelandet. Und uns war es nicht schlechter ergangen. Mit einem großen warmen Gefühl im Bauch schlief ich ein.

Am nächsten Morgen erwachten wir früh. Schweigend räumten wir unser Nachtlager, packten unsere Sachen zusammen und warfen die Strohklappen wieder auf den Hänger. Dann gingen wir zurück zur Kate. Nun, am Morgen, war die Luft frisch und roch intensiv nach Leben. Der Feldweg war voller Pfützen, und vereinzelt lagen abgebrochene Äste herum. Die Gräben im Moor waren voller Wasser, und nach etlichen Tagen der Trockenheit wagten sich nun offensichtlich die Frösche und Kröten wieder aufs Land; jedenfalls standen Störche und Graureiher im Moor und fraßen sich fett. Gelegentlich stürzte sich auch eine Möwe vom Himmel herab ins Gras. Als Amphibie im Moor lebte man gefährlich; soviel war mal klar.

Bald gingen Katrin und ich wieder auf dem Spurplattenweg, jeder auf einer Spur für sich, parallel, zwei ziemlich krumme Geraden, die sich aber niemals schneiden würden. Trotzdem hatten sie es getan, in der letzten Nacht.

Mein Magen knurrte. „Willst du bei mir frühstücken?", fragte ich sie. „Nein danke", antwortete sie. „Ich hab es noch so weit. Ich fahr lieber los." Als wir an der Kate ankamen, warf sie ihre Sachen in den gelben

Golf mit dem „MTK"-Kennzeichen. Dann kam sie zu mir und umarmte mich. „Hör zu", sagte sie, „Andreas und ich werden nächste Woche heiraten. Ich wollte dich vorher noch einmal sehen. Denn ich weiß, dass du meiner Ehe gefährlich werden kannst. Du weißt ja, auf der anderen Seite des Zauns schmeckt es immer besser. Obwohl das Quatsch ist. Wie dem auch sei – ich möchte dich nicht wieder sehen. Aber glaube mir: Ich werde dich nicht vergessen. Und...", sie trat einen Schritt zurück, hob ihr T-Shirt hoch und legte ihre rechte Hand auf die behaarte Stelle unterhalb ihres Bauchnabels, „...alles, was wir geteilt haben, ist hier drin. Und das bleibt da, glaube mir." Ein letztes Mal lächelte sie mich an. Dann stieg sie in ihr Auto und fuhr davon. Mit Tränen in den Augen blickte ich dem Wagen hinterher. MTK – Meine tolle Katrin. Von wegen meine tolle Katrin. Seine tolle Katrin, so war es richtig.

Ein paar Tage lang hatte ich das Gefühl, mein Leben sei zu Ende. Dann begann mein Zivildienst; ich begegnete Birte, und mein Leben begann.

Wir Bierbanausen

Wenn es um den Genuss alkoholischer Getränke geht, bin ich ein echter Kulturbanause. Mit Rotwein kann man mich jagen, und Weißwein mag ich gern, aber am liebsten mit Wasser gepanscht. Neulich waren meine Liebste und ich einmal auf einer ziemlich elitären Weinprobe, und ich musste fast in den Tisch beißen, um nicht laut los zu lachen, als die anderen Probesäufer mit Kennermiene die Lippen schürzten und was von Ebenholzaromen und dem Geschmack des Morgentaus faselten. So ein Blödsinn, echt.

Nein, ich bin eher Biertrinker. Der Stoff der Arbeiter und Bauern. Gewiss, auch der Stoff der Spacken und Prolls. Keine Schlägerei, keine Fußballrandale kommt ohne Bierkonsum zustande. Aber da kann das Bier ja nix für. Ich jedenfalls werde durch Bier nicht aggressiv. Ich werde meist redselig und manchmal lüstern. Und manchmal bin ich enttäuscht, weil sich ein erwartetes Hochgefühl nicht einstellen mag. Wie sang schon Sven Regener so treffend: „Ich möchte so gern berauscht sein, doch ich werde immer nur breit." Das kenn ich auch. Zur Genüge.

Meine Freunde und ich unternahmen im besten Halbstarkenalter einmal eine sommerliche Fahrradtour. Wir waren bei einem Bauern untergekommen und schliefen in der Scheune neben dem Miststreuer auf einem improvisierten Strohballenlager. Abends wollten wir in dem Dorf etwas trinken gehen. Es gab aber keinen veritablen Dorfkrug, sondern nur eine auf intellektuell gemachte „Weinstube". Wir gingen trotzdem hinein und ließen uns von dem Inhaber ausführlich über alle Weine des Hauses aufklären, bevor wir kollektiv Bier bestellten. Das war ein Spaß.

Die besten Biere meines Lebens waren immer Biere in Gesellschaft, unter freiem Himmel. Niemals alleine, niemals drinnen. Unvergesslich die vom zusammengeschmissenen Taschengeld gekauften Kisten Billigbier, die wir, im Kreis am Stolper See sitzend, im Zwielicht der Holsteiner Mittsommernächte killten. Dunkel und glatt lag der See vor uns und spiegelte schwach die Dämmerung des Himmels; dahinter stand schwarz der Wald des anderen Ufers. Seit Generationen sitzt dort jedes Jahr die aktuelle Dorfjugend. Gleiche Stelle, gleiches Getränk. Nur die Gesichter ändern sich. Den See und den Wald kümmert das nicht. Sie sind wie immer.

Im letzten Jahr trafen wir uns wieder. Für ein Herrenwochenende. Der alte Kreis. Statt neben dem Miststreuer auf Stroh logierten wir nun in einem Wellnesshotel. Wir sechs Mittvierziger rissen den Altersschnitt der Gästeschaft um die Hälfte runter. Mindestens. Abends fuhren wir in die Stadt, um Schnitzel und Pommes zu essen. Wir hatten keine Lust auf ein Vier-Gänge-Menü mit korrespondierenden Weinen. Als wir in der Dämmerung zurückkamen, holten wir das mitgebrachte Bier aus dem Kofferraum und stellten uns im Garten des Hotels eine Strandkorbburg zusammen. Hoch über dem Ufer des Tollensesees saßen wir wieder im Kreis, tranken Bier, bis es alle war, und redeten die halbe Nacht lang über gestern, heute und morgen. Es war gut. Nein, es war großartig. Und leider ohne Bier kaum denkbar. So traurig das auch sein mag.

Plötzliche Erkenntnis

Seit wenigen Tagen ist
unsere erste Tochter Marie nun älter
als es die Liebste war
in der Nacht unseres ersten Kusses

meine Güte
wie die Zeit vergeht

und

meine Güte
bin ich alt

Über Land

Schon dieser Sommer war wie ein Herbst gewesen, feucht und kalt, mit stürmischen Tagen, an denen sich die Bäume Richtung Osten beugten wie sonst nur an der Westküste. In der Zeit zwischen dem total missratenen Abiturball, den ich für immer in quälender Erinnerung behalten würde – ich hatte mich, weil ich gut aussehen wollte, geweigert, mir die Haare zu kämmen, was meine Eltern so sehr erzürnte, dass sie zunächst sagten, sie würden nicht mitkommen zu diesem Ball im Rittersaal des Plöner Schlosses, welches damals das zum Gymnasium gehörende Internat beherbergte, dann aber ihre Meinung änderten und den ganzen langen Abend demonstrativ schlecht gelaunt in der Ecke saßen, mich gelegentlich vorwurfsvoll anguckten, was zur Folge hatte, dass es für uns alle ein fürchterlicher Abend wurde, für mich nur abgemildert durch die Tatsache, dass dies der erste Abend war, an welchem die wunderschöne Tanja mich zum Abschied küsste, draußen, auf der Schlosstreppe, als sie gehen wollte, eigentlich sollte es nur ein Tschüßkuss sein, aber ihre Lippen verharrten länger auf meinen als üblich, und sie waren so verteufelt weich, und ich spürte unter meinem Hemd durch ihr dünnes gelbes Sommerkleid hindurch ihre hervorstehenden Brustwarzen, was mich so erregte, dass ich von ihr abrücken musste, damit sie meine sofort entstandene Erektion nicht bemerkte, aber sie drückte sich zum Schluss noch einmal an mich, gerade um meine Erektion zu bemerken, und als sie dann im Weggehen lächelte und mir geradeheraus mit offenem Blick in die Augen schaute, war das wie ein Versprechen, und fortan dachte ich jeden Abend an sie und mich, auf der Plöner Schlosstreppe stehend, uns zum Abschied küssend, ich im weißen Hemd, sie im gelben Sommerkleid mit deutlich sichtbaren Nippeln, was für ein blödes Wort, aber das war das Wort, welches ich dachte, mir fiel einfach kein anderes ein, sie ging weg und ich zurück in den Rittersaal, in welchem meine Eltern immer noch schlecht gelaunt in der Ecke saßen, und als sie endlich gingen, war der Abend für mich so endgültig gelaufen, dass ich den Feiervorsprung der anderen unmöglich noch aufholen konnte, und statt mit ihnen gemeinsam fein angezogen die einzige Plöner Kellerdisco zu stürmen, legte ich mich fein angezogen auf die Rückbank des Autos meines Bruders, welches ich mir ausgeliehen hatte, um unabhängig von meinen Eltern nach Hause zu kommen, aber da wollte ich jetzt nicht hin, und ich schlief schlecht und fror, aber ich gefiel mir auch in der Rolle des unverstandenen Jünglings, und das alles wegen meiner nicht gekämmten Haare, reichlich albern eigentlich, und zwar vor allem von mir, aber damals sah ich das anders, nur alle anderen waren doof, man kennt das ja – in der Zeit also zwischen dem Abiball Ende Mai und dem Antritt meiner landwirtschaftlichen Lehre Mitte Juli hatte ich eine Woche lang mit meiner Freundin Ulla eine Reise nach Schweden unternommen, zu einer Cousine meiner Mutter, die dort lebte und uns nicht in einem Zimmer schlafen ließ, die Reise war wunderschön gewesen, unsere erste Liebe innig, trotzdem war es wie eine Abschiedsreise, ich glaube, wir ahnten es sogar, dass es bald vorbei sein würde mit uns, und so kam es dann auch. Den Rest der Zeit hatte ich meinen Eltern auf dem Hof geholfen. Nur mit Mühe hatten wir uns zwischen den ausgedehnten Regenphasen ein wenig taugliches Heu von unseren Koppeln klauen können, und sorgenvoll blickten meine Eltern auf den kommenden Winter, der ein teurer werden würde; die mangelnde Qualität des Winterfutters müsste mit kostspieligem Kraftfutter ausgeglichen werden, darüber sprachen sie nun, als sie mich in ihrem roten Golf zu meiner Lehrstelle brachten, in den Kreis Ostholstein, zu einem weithin angesehenen Großbetrieb mit einer ruhmreichen Milchviehherde und riesigen Ackerflächen. Wir fuhren über Land. Meine Eltern liebten es, in gemächlichem Tempo durch die Landschaft zu fahren und zu gucken, was die Bauern so auf ihren Feldern trieben. Nur ein Ziel musste man haben, und das hatten sie: Sie brachten mich weg, in Lehrwirtschaft, wie sie sagten. Am Imbiss direkt am Kleinen Plöner See aßen wir ein letztes Mal zusammen Currywurst mit Pommes, und wir alle drei wussten, dass es von nun an niemals wieder so werden würde wie jetzt, aber, nun gut, das konnte man wirklich in jeder, tatsächlich in jeder Situation sagen. Alles fließt, und kein Mensch steigt zweimal in denselben Fluss.

Mit solcherlei Gedanken erfüllt kam ich auf meinen Lehrbetrieb. Im Regen. Ich verabschiedete mich kurz von meinen Eltern, die, um noch schön über Land zu fahren, eine andere Strecke heimwärts wählten, dann stand ich mit klopfendem Herzen vor der Haustür meines Lehrhofes, zwei Taschen in den Händen, mit Gummistiefeln, Sicherheitsschuhen, Arbeits- und Alltagsklamotten, ein paar Büchern, meinem Tagebuch und einem Radiorecorder. Wir schrieben den 15.Juli, und mir war kalt. Die Haushälterin öffnete mir und zeigte mir die Zimmer. Ein weiterer Lehrling sollte noch kommen. Da ich der erste war, durfte ich wählen. Das große Zimmer im Haus oder das kleine, eigentlich eine ausgebaute Ecke auf dem Speicher. Ich suchte mir das kleine aus. Ich wollte bescheiden sein. Aus dem gleichen Grunde hatte ich auch das Angebot meiner Eltern abgelehnt, mir ein Auto zu schenken – eine Entscheidung, die ich in den kommenden Wochen noch öfter bedauern sollte.

Es folgten die schlimmsten Wochen meines Lebens. Das Wetter wurde nicht besser. Es regnete viel; der Chef war ständig schlecht gelaunt; ich saß am Tisch und lebte im Haus einer Familie, die zu mögen mir nicht gelang. Von der Arbeit war ich überfordert; der Betrieb war so groß und vielfältig, dass mir jeglicher Überblick fehlte. Oft wurde ich angeblafft, und wenn ich Feierabend hatte, konnte ich noch nicht einmal wegfahren und mir bei Freunden den Frust von der Seele labern. Das, so glaube ich heute, war wohl das schlimmste an meiner Situation: Ich konnte keinen Abstand schaffen zwischen mir und dem, was mich quälte. Bei der Arbeit beschränkte ich mich darauf, das zu tun, was man mir befahl. Ansonsten sehnte ich die freien Tage herbei: alle zwei Wochen Freitag und

Sonnabend frei. Dann stellte ich mich mit einem See-sack voll stinkender Schmutzwäsche an die Landstra-ße und hielt den Daumen raus, im Regen, unter sich nach Osten beugenden Bäumen. Damals wurde man als Tramper noch mitgenommen, und dann fuhr ich mit fremden Leuten über Land, traurig durch die nas-sen Scheiben blickend, wissend, so ein Wochenende ist verdammt kurz.

Irgendwann Mitte August – die Weizenernte, sich in normalen Jahren bereits dem Ende zuneigend, hat-te noch nicht einmal begonnen – sagte ich zuhause zum ersten Mal, dass ich überlegte, die Lehre abzubre-chen, „in den Sack zu hauen", wie man in unserer Ge-gend zu sagen pflegte. Meine Eltern reagierten so, wie wahrscheinlich alle Eltern reagieren würden: Überleg dir das in Ruhe. Schlechte Tage hat man immer mal. Schlaf eine Nacht darüber. Morgen sieht die Welt schon wieder anders aus. Lehrjahre sind keine Herrenjahre. Ein Jahr hält man es beim Teufel aus.

Am 1. September – als die Tage schon wieder deut-lich kürzer wurden, und morgens lag der Herbsttau schwer auf den Pflanzen der Nacht – begann endlich die Weizenernte. An die Arbeit hatte ich mich leidlich gewöhnt; trotzdem machte ich immer wieder bescheu-erte Fehler, Fehler, wie sie nur bekloppte Lehrlinge machen. Es gab aber auch Lichtblicke. Zum Beispiel fand ich es faszinierend, dass ich mit einem Landwirt, der mit seinem Drescher auf dem Lehrbetrieb aushalf, zusammen arbeiten konnte, ohne je mit ihm gespro-chen zu haben. Er fuhr den Drescher und klappte den Abtankarm zur Entleerung des Korntanks aus. Ich verstand und fuhr mit Trecker und Anhänger heran und dann parallel zum Drescher. Der Landwirt tankte ab, bis der Korntank leer und der Anhänger voll war, und ich dachte: „Boh, der ist bestimmt nett!", während ich zum Landhandel fuhr, um den Weizen abzuliefern. Als ich diesen Landwirt später aber beim Abendbrot kennen lernte, fand ich ihn unsympathisch. Das enttäuschte mich.

Die Weizenernte dauerte – immer wieder von schlechtem Wetter unterbrochen – bis zum 29. September. Mitte des Monats hatte ich beschlossen, nun genügend Nächte darüber geschlafen zu haben, und auch, wenn der Chef nicht der Teufel war, wollte ich es bei ihm kein Jahr lang aushalten. Am 30. September gab es das traditionelle Erntebier für alle Helfer – sogar und gerade auf großen Höfen ein willkommener Anlass, sich nach all der Arbeit einmal gepflegt die Kante zu geben. Zuvor hatte ich dem Chef gesagt, dass dies mein letzter Abend sei, woraufhin er mich vor versammelter Mannschaft zur Schnecke machte. Ich lächelte dazu. Es ging mir am Arsch vorbei. Ich war so gut wie weg.

Noch am Abend rief ich meinen Bruder an und fragte, ob er mich am nächsten Tag abholen könne. Er konnte. Morgens, noch vor seiner Arbeit, kam er in Ostholstein auf den Hof gerollt. Als ich ihn sah, stiegen mir Tränen der Freude in die Augen. Mein Bruder, mein einziger Bruder. Ich räumte meine Sachen in sein Auto und ging, ohne mich zu verabschieden. Als wir durch den Regen fuhren, über Land, fielen die ersten Blätter. Nach einem Sommer, der wie ein Herbst gewesen war, konnte dieser Herbst, der jetzt begann, eigentlich nur besser werden. Die Bäume beugten sich Richtung Osten, und als wir durch eine Kastanienallee kamen, fielen Kastanien, einen rumpelnden Rhythmus trommelnd, lärmend aufs Autodach. Wir schwatzten gut gelaunt, und aus seinem Autoradio sang Neil Young. Dann kamen wir an einer Bushaltestelle vorbei. Dort stand ein frierendes Mädchen und hielt den Daumen raus. „Halt an!", rief ich, und mein Bruder ging in die Eisen.

Dort stand die wunderschöne Tanja. Zwar nicht mehr im Sommerkleid, aber wir nahmen sie trotzdem mit. Über Land.

Das Tagesseminar

Es war noch zur Zeit meiner landwirtschaftlichen Lehre, im zweiten Lehrjahr, das ich auf einem Biohof verbrachte. Ich hatte dort eine wunderbare Zeit, und es war für meinen Chef überhaupt kein Problem, mich von der Arbeit frei zu stellen, wenn ich mich fortbilden wollte, so zum Beispiel auf Tagesseminaren des ökologischen Beratungsringes.

So war ich also angemeldet zu einem Seminar über „Beikrautregulierung im ökologischen Landbau"; das war die politisch korrekte Bezeichnung dafür, dass man lernen sollte, dass einem das Unkraut nicht über den Kopf wächst, wenn man es nicht einfach wegspritzen kann – oder nur nachts, wie konventionelle Bauern immer vermuten, dass ihre Öko-Kollegen es tun, wenn deren Äcker mal relativ unkrautfrei sind.

Am Abend vor dem Seminar fragte mein Chef mich, ob ich einen der Referenten des Seminars mit zum Ökologischen Tagungshaus „Blattlaus" nehmen könne. Und er warnte mich. Dieser Referent sei ein überregional bekannter Biobauer, als Ackerbauer eine Koryphäe, und außerdem, was Ernährung angeht, einer der fundamentalistischten Vollwert-Fundamentalisten, die man sich nur vorstellen könne. „Wenn du ihn mitnimmst", sagte mein Chef, „und das ist sinnvoll, denn sein Hof liegt auf dem Weg, und wir wollen doch alle die Umwelt schonen, dann achte darauf: Iss niemals Schokolade und trink niemals Cola in seiner Anwesenheit! Er kann dann echt unangenehm werden!" „Okay", sagte ich und räumte schon mal alles Leergut in den Kofferraum und zur Tarnung noch einen Kartoffelsack darüber.

Als ich am nächsten Morgen auf dem Hof des Referenten ankam, freute ich mich, dass es so etwas noch gab. Der Biohof sah aus, wie konventionelle Bauern sich das damals vorstellten: Kleine Trecker ohne Kabine, ein Drei-Schar-Beetpflug, sechs Schubkarren, eine verhärmte Bauersfrau im langen Rock, mit langen Haaren, und mittendrin der vollbärtige Bauer, in selbstgeknüpfter Weste, mit Gesundheitssandalen an den schwieligen Füßen. Er begrüßte mich und stieg ein. Gemeinsam fuhren wir los, in Richtung Ökologisches Tagungshaus „Blattlaus", und sofort begann der Referent, mir einen Vortrag zu halten über die Sucht nach Zucker und wie schlimm das sei, was die Ernährungsindustrie mit uns mache. Ich nickte eifrig. Als wir an einer Tanke vorbei kamen, sagte ich, ich müsse noch schnell ein wenig tanken, was der Referent zunächst zum Anlass nahm, über die Macht und den Machtmissbrauch der Mineralölkonzerne zu dozieren. Verbissen und voller Abscheu blickte er auf das Logo desjenigen Konzerns, dem diese Tanke angehörte, und ich stieg aus, um zu tun, was man an einer Tanke so tut.

Als ich zurück ins Auto kam, hatte sich etwas verändert. Der Referent war nicht mehr so blass; sein Blick war weich, und als ich weiter fahren wollte, da sagte er: „Hey, warte mal. Kann ich dir vertrauen?" „Klar", antwortete ich, „worum geht`s?" „Also", nun flüsterte er fast, „das hier bleibt unter uns, okay? Kein Wort zu niemandem, zu deinem Chef nicht, vor allem nicht zu meiner Frau?" Ich hob die Hand und sprach: „Kein Wort zu niemandem. Ich schwöre. Hugh!" „In Ordnung.", sagte er, holte seine Geldbörse raus und gab mir zwanzig Mark: „Hol mal Snickers!" „Für zwanzig Mark?", fragte ich. „Ja, nee, hast Recht, was soll der Geiz, hier, nochmal zehn, du kriegst auch was ab, aber psst!" „Psst!", machte auch ich und kaufte dem bösen Mineralölkonzern seine Restbestände an Snickers ab, um zu verhindern, dass er damit weiteres Unheil anrichten konnte. Auf dem Weg zurück zum Auto sah ich schon, wie die Augen des Referenten in heller Vorfreude leuchteten. Kaum saß ich Auto, riss er mir schon die Plastiktüte aus der Hand und holte sich den ersten Snickers raus. „Das Zeug ist wirklich schlimm!", rief er, „Alte Pfadfinderregel: Jeden Tag eine gute Tat, damit die Welt ein bisschen besser wird! Wir müssen das jetzt vernichten, damit nicht unzählige unschuldige Kinder davon angefixt werden!" Und er schob sich den ersten Schokoriegel rein, als ob das nichts wäre. Ein Anflug von Glückseligkeit huschte über sein Gesicht. Lächelnd gab er mir einen Snickers: „Hier, versuche es auch einmal: Es ist gar nicht so schwer, Gutes zu tun! Du musst einfach an dich glauben, und wenn du an dir zweifelst, dann sage einfach laut: Für Vollwert!"

Und ich haute rein. Kein Problem für mich; das hatte ich schon immer drauf. Mit angemessenem Feuereifer half ich dem Referenten, der sich gerade den vierten Snickers einverleibte, bei seiner Mission. Inzwischen waren wir fast beim Tagungshaus angekommen. Der

Referent sagte: „Wir sollten unsere gute Tat nicht an die große Glocke hängen. Das wirkt so eitel und selbstgerecht. Ich finde, wir sollten schweigen und nachher, auf dem Rückweg, in Ruhe den Rest von diesem widerlichen Zeug unschädlich machen. Für Vollwert!" „Okay", sagte ich, „ich bin dabei! Für Vollwert!"

Auf dem Seminar wirkte der Referent gar nicht so freudlos, wie ich ihn mir nach meinem ersten Eindruck vorgestellt hatte; eher hatte er Ähnlichkeit mit einem Eichhörnchen auf Speed. Mit glühenden Augen und bebender Stimme hielt er ein flammendes Plädoyer für den Ökolandbau, für einen ganzheitlichen Ansatz bei der Unkrautregulierung und für die Überlegenheit der ausgewogenen Vollwertküche. Manchmal blinzelte er mir dabei verschwörerisch zu, und ich lächelte still.

Während der Vollwertmahlzeiten im Ökologischen Tagungshaus „Blattlaus" hielten wir uns zurück. Nicht, dass es nicht geschmeckt hätte, aber wir hatten einen Job zu erledigen, einen knallharten Job, da mussten wir topfit sein und nicht zu sehr mit Verdauung beschäftigt. Später, wieder im Auto, schafften wir es, alle Snickers, die wir aus dem Umlauf genommen hatten, restlos zu vernichten. Im Bewusstsein, Entscheidendes für die Zukunft der Menschheit getan zu haben, setzte ich den Referenten am Abend wieder auf seinem Bilderbuch-Biohof ab. Als er aus dem Auto stieg, wehte auffällig viel Snickers-Papier um ihn herum. „Oh, dieser Dreck!", rief er mit gespielter Empörung, die sich erstaunlich echt anhörte, dann verabschiedete er sich: „Vielen Dank fürs Mitnehmen. Bis zum nächsten Mal. Und nicht vergessen: Kein Wort, zu niemandem! Für

Vollwert!" „Für Vollwert!", antwortete ich und fuhr los.

Abends, am Abendbrottisch, fragte mein Chef, wie es gewesen sei. „Gut", sagte ich. „Und hat der Referent dir eine Blase ans Ohr gequatscht?" „Nee, der hatte den Mund voll." „Bitte was? Womit?", fragte mein Chef. „Ach nix, schon gut", murmelte ich und schmierte mir ein Schwarzbrot mit hauseigenem Käse. „Für Vollwert!", dachte ich und lächelte in mich hinein. Ich freute mich schon auf das nächste Tagesseminar.

Vor Güllesilvester

Am Ende der Maiszeit
kurz vor Güllesilvester
ist es soweit

die Farben sind weg
wie reiche Rentner überwintern sie
auf den Kanaren
oder Balearen

und uns bleibt nur
das Grau

willkommen im Königreich
der Waschbetonplatten
des Faserzements und
der Autobahnbrücken

selbst die Tiere sind grau
Graureiher
Graugänse
Graugnomen

auf den Straßen
Matsch vom Mais-
Grus vom Gülle-
und Modder vom Mistfahren
die Autos der Bauern
Vertreter
Tierärzte
und Besamungstechniker
sehen aus wie Erdklumpen
mit Rädern dran
und Gucklöchern drin

sogar das Postauto
ist nicht mehr gelb
sondern schlammfarben

glaubte ich an Gott
dann könnte ich beten

Herr
schick uns Frost!
aber stetig und
nicht mehr als minus drei
damit der Matsch verschwindet
und gleichzeitig
die Tränken offen bleiben
ich will auch immer artig sein

aber ich glaube nicht an Gott
und bete nicht
stattdessen warte ich still
auf die Rückkehr der Farben

bald
ganz bald
wird es soweit sein

in drei Monaten
oder so

Vadders Weisheit

Als ich ein Teenager war, irgendwann in den achtziger Jahren des letzten Jahrhunderts des letzten Jahrtausends, begann Vadder, mich ins Moor mit zu nehmen, wenn besonders störrische oder wilde Kühe oder Starken eingefangen werden mussten, nachdem sie zum Beispiel auf der Weide gekalbt hatten. Vadder – der damals Anfang fünfzig war und dessen läuferische Ausdauer schon zu schwinden begonnen hatte – wusste um alle möglichen Kuhfängertricks, und ich musste die läuferische Arbeit übernehmen. Manchmal dauerte es lange, aber wir haben jedes Tier gekriegt, früher oder später, tot oder lebendig. Nein, immer lebendig.

Auf der Weide im Moor hatten wir einen fest installierten Fanghagen, aus alten, ölgetränkten Eisenbahnschwellen gebaut, aber manchmal war es schwierig, besonders freiheitsliebende oder einfach nur durchgeknallte Rinder überhaupt in die Nähe des Hagens zu bekommen. Deshalb bauten wir manchmal aus Treckern und im Bedarfsfalle mehreren Anhängern weitläufige Trichter, mittels derer wir das Rind fangen wollten wie den Aal in der Reuse, nur um manches Mal zu erleben, dass es dem Tier gefiel, ansatzlos über die Deichsel eines Anhängers zu hüpfen und sich aus dem Staube oder, je nach Witterung und Jahreszeit, aus dem Modder zu machen. Einmal trieben wir eine

Starke in einen alten Durchtreibe-Weidemelkstand auf der Weide des Nachbarn, und wir wähnten uns schon als Sieger, da öffnete sich der Mechanismus, das vordere Gitter ging auf, und im Weglaufen – ungelogen, ich schwöre – wandte sich das Tier um und drehte uns eine lange Nase. Später aber kriegten wir es doch; denn wir jagten es – das war die allerletzte Option – durch den Zaun in den grundlosen Graben, und dort wurde die Starke auf der Stelle so ruhig und schicksalsergeben, dass sie sich widerstandslos fest nehmen ließ, nachdem wir sie mittels des Treckers und eines dicken Tampens um den Hals aus dem Graben gezogen hatten, unter dem Stacheldraht hindurch.

Das Fixieren des Rindes – der letzte Akt des Einfangballetts – lief immer gleich ab: Vadder nahm sich den vorher um den Hals gelegten Strick ab, warf ihn mit der Schlaufe voran um den Hals des Tieres, drehte seinen Krückstock mit dem halbrunden Griff am Ende um und angelte mit dem Griff nach der Schlaufe des Stricks. Dann zog er das Ende des Stricks durch die Schlaufe, und mit einer blitzschnellen Bewegung war das Tier am Trecker, am Viehwagen, am Zaunpfahl, wo auch immer befestigt. Dann atmete er hörbar auf; die Anspannung entwich; er streichelte das Tier und knotete ihm einen tausendfach geübten Strickhalfter – das konnte er, da war ich mir sicher, sogar im Schlaf oder wenn er tot war. Schließlich sagte er, sichtlich befriedigt, immer den gleichen Satz: „Sie sind stärker als wir; sie sind schneller als wir; zum Glück sind sie nicht schlauer als wir."

Das ist jetzt etliche Jahre her. Inzwischen bin ich der Bauer; mein Vater ist alt und krank und kommt nicht mehr mit, um renitente Tiere einzufangen. Aber ich habe vieles von ihm gelernt. So habe ich – obwohl nicht im geringsten fußlahm – immer Vadders alten Krückstock dabei, mit dem halbrunden Griff; denn der ist zum Anbinden von Rindern einfach unersetzlich. Meist bin ich jetzt gemeinsam mit meinem Mitarbeiter Sven unterwegs, um die Tiere zu schnappen, und auch wenn vieles gleich geblieben ist, so haben wir unsere Methoden auch ein wenig erweitert. Seit einigen Jahren bewirtschaften wir nämlich die sogenannte Bullenweide, vom Gutshof gepachtet, ein Stück Grünland, sechs Hektar groß, welches nach Vertragsnaturschutzrichtlinien bewirtschaftet wird und von einem trockenen sandigen Hügel über eine anmoorige Seggen- und Binsenwiese bis zu einen quatschnassen Erlenbruch allerlei Biotope zu bieten hat. Wenn Sven und ich nun ein unwilliges Jungrind einfangen wollen, gehen wir folgendermaßen vor. Sobald abzusehen ist, dass das auf üblichem Wege nichts wird, treiben wir das Tier in Richtung Erlenbruch. Dort zeigt sich, dass Kühe zum Laufen auf richtig nassen Untergründen nur sehr bedingt geeignet sind: Sie wiegen um die sechshundert Kilo (oder zwölf Zentner, wie mein Vadder sagen würde), haben aber kleinere Füße als wir. Bei jedem Schritt brechen sie durch die Grasnarbe hindurch und versacken knietief im Modder, während wir, auch nicht leicht, aber mit großen Füßen, darüber hin gleiten und schweben wie die Elfen. Nach kurzer Zeit ist das Tier dann erschöpft und lässt sich das Strickhalfter umlegen, um anschließend mit einer letzten Anstrengung gemeinsam mit uns an der Leine zum Viehwagen zu gehen, zahm wie ein kleiner Hund. Und wenn das Tier dann auf dem Anhänger steht, hänge ich den alten Krückstock an seinen Platz, atme durch und sage Vadders unvergessenen Satz in meiner special expanded edition: „Sie sind stärker als wir; sie sind schneller als wir; zum Glück sind sie nicht schlauer als wir; entscheidend aber ist: sie wiegen mehr und sie haben kleinere Füße!"

Von unterwegs

Von unterwegs
aus dem Auto
rief ich zuhause an

ich hatte eine Lesung gehabt
es war Abendbrotzeit und
ich noch eine halbe Stunde weg

ich wollte fragen
ob ich etwas zu essen mitbringen sollte
von unterwegs

Peer war dran
siebzehn Jahre alt

gern
sagte er
aber bloß nicht von McDonald`s
denn das ist so

für einen Augenblick suchte er
nach den richtigen Worten

das ist so ohne Liebe

ich musste lächeln
schön
dachte ich
irgendwann merken sie es
von ganz alleine

Trecker-TÜV

Früher, in den Achtzigern, als ich gerade den Treckerführerschein gemacht hatte, lief das mit dem Trecker-TÜV anders als heute. Heute fahren ja die meisten, wenn ihr Trecker zur Hauptuntersuchung muss, zur Autowerkstatt ihres Vertrauens, wenn dort der herumreisende Plakettenklebemeisteringenieur Station macht, und führen kurz ihren alten Liebling vor, Licht durchschalten, danke, Blinker, danke, einmal hupen bitte, danke, Fahren, Fußbremse, danke, fahren, Handbremse, danke, Reifen nachguck, bitte ruckeln mit dem Steuer, danke, die Kugelgelenke müssen auch mal, aber dies Jahr geht das noch, Plakette kleb, Stempel draufdrück, Geld einsack, man kennt das ja. Das wichtigste ist, dass der Trecker sauber ist und dass er bremst, der Rest ist fast egal, und glücklich fährt man mit dem sauberen Trecker und neuer Plakette endlich wieder beruhigt, mit gutem Gewissen und legal durchs Dorf, ein schönes Gefühl, und man fragt sich, die wievielte Hauptuntersuchung das jetzt war, bei der der Ingenieur sagte, die Kugelgelenke müssen auch mal, aber dieses Jahr geht das noch, und zwei Jahre später gibt es doch die frische Plakette, ohne dass man jemals bei den Kugelgelenken bei war.

Früher war man nicht so flexibel, dass man quasi spontan, wann immer man wollte und immer wieder zur Hauptuntersuchung fahren konnte. Früher gab es im Jahr einen Trecker-TÜV-Termin im Nachbarort, auf dem Parkplatz von Schröders Gasthof, meist an einem kalten, klaren Dienstag im frühen März. Bekannt gemacht wurde der Termin über unser örtliches amtliches Bekanntmachungsblatt, die Krankendorfer Rundschau aka Käseblatt, und es wurde in jedem Jahr ein Festtag. Den ganzen Tag über strömten die Bauern zum TÜV, als gäbe es Freibier, und wer seine Plakette und seinen Stempel hatte, der ging freudig erregt noch schnell zu Schröder rein und schmiss eine Runde, und zur Feierabendzeit hätte der Dorfsheriff allen Bauern aus Krankendorf und Umgebung kollektiv den Lappen wegnehmen können, als sie sich mit frischem TÜV und übler Fahne auf den Heimweg machten, aber der Dorfsheriff guckte zufällig immer gerade in die andere Richtung. Er hatte ein großes Herz; jeder Bauer hatte Platz darin.

Der TÜV-Onkel, der in jedem Jahr wieder nach Krankendorf kam, hatte ein paar Macken, auf die man sich einstellen konnte. Er legte zum Beispiel großen Wert auf das Vorhandensein eines intakten Rückspiegels am Trecker. Man wusste also, dass der in der Regel kuhscheißeverkrustete und ohnehin nutzlose Spiegel gewienert oder, falls im Zwischen-TÜV-Zeitraum abgebrochen, erneuert werden musste. Außerdem wurde jeder Trecker auf Warndreieck und Verbandskasten kontrolliert, so dass es dazu kam, dass jeder, der bereits bestanden hatte, beides wie ein Staffelholz an den nächsten in der Schlange weiter geben konnte, unauffällig natürlich, aber es ist unwahrscheinlich, dass der TÜV-Onkel nie gemerkt hat, dass bestenfalls ein Drittel aller Trecker dauerhaft mit Warndreieck und Verbandskasten ausgestattet zu sein sich brüsten durften.

Dieser Austausch gewisser TÜV-relevanter Utensilien nahm irgendwann Formen an, die mit ein wenig Boshaftigkeit auch als eine Form der organisierten Kriminalität bezeichnet werden konnte. Die Krankendorfer Bauern hatten nämlich irgendwann in den frühen Siebziger Jahren eine Sammelbestellung von baugleichen Treckern eines nicht ganz unbekannten Landmaschinenherstellers aus dem Allgäu aufgegeben, und um die zwanzig Jahre später kamen diese Traktoren allmählich in die Jahre. Der TÜV-Onkel fing an, an den immer gleichen Bauteilen rumzumosern: Die Vorderreifen seien porös und eine Gefahr für die Allgemeinheit; außerdem seien die Zugmäuler nicht mehr drehbar und verschlissen. Die Bauern waren anderer Meinung; sie guckten und sagten: „Das geht doch noch!" Um Geld zu sparen und trotzdem weiterhin frische Plaketten zu bekommen, beschlossen sie, fürs ganze Dorf zwei Vorderreifen und ein neues Zugmaul zu kaufen. Deponiert wurden diese Bauteile bei Bauer Strunk, der erstens Nachbar von Schröders Gasthof war und zweitens damals schon einen Luftdruckschrauber besaß. Am TÜV-Tag konnte man fortan immer wieder Zeuge eines schönen Schauspiels werden. Es war das perfekte Verbrechen. Kaum hatte ein Trecker TÜV, fuhr der Bauer diesen einen Hof weiter zu Bauer Strunk, wo bereits der nächste TÜV-fällige Fendt aufgebockt auf die neuen Räder und das neue Zugmaul wartete. Dann hörte man das Pfrott-pfrott-pfrott des Schraubers, und wenige Minuten später stand der nächste Trecker aus dem Allgäu wie aus dem Ei gepellt auf dem Parkplatz von Schröders Gasthof. Dieses Spiel wiederholte sich, bis auch der letzte Fendt wieder TÜV hatte, und erst dann trafen sich alle bei Schröder am Tresen, um das Geld, welches sie durch die kollektive Anschaffung nur zweier neuer Reifen und nur eines neuen Zugmaules für alle gespart hatten, nunmehr befreit und gut gelaunt gegen Unmengen von Bier und Korn einzutauschen. Es waren gute Zeiten für die Gastronomie, und als zur Melkerzeit die rotgesichtigen Bauern auf ihren Fendts mit frischen Plaketten, aber alten Vorderrädern und Zugmäulern Richtung Heimathof bleierten, guckte der Dorfsheriff gerade wieder in die andere Richtung; denn er hatte ein großes Herz.

Bittere Erkenntnis

Anlässlich einer agrarpolitischen Veranstaltung
traf ich meinen ehemaligen Betriebswirtschaftslehrer
von der Höheren Landbauschule

Themen des Tages waren
die verschärfte Konkurrenz um landwirtschaftliche Flächen
die explodierenden Bodenpreise
die fehlende Solidarität unter den Bauern und
die allgemein schlechte Stimmung auf dem Land

im Laufe der Diskussion
war Kritik geübt worden
an den Lehrern der Landwirtschafts- und
den Professoren der Hochschulen

sie hätten durch ihre Fixierung auf Betriebswirtschaft
und ihren Wachstumsfetischismus
eine Mentalität des Den-anderen-schlucken-wollens gefördert
statt eines Leben-und-leben-lassens

mein Lehrer sagte

wir müssen den Jungs doch das Rechnen beibringen
das brauchen sie doch
wenn sie bestehen wollen
viel schlimmer ist es
wenn sie dann rechnen können und
gerechnet haben und
sogar richtig gerechnet haben
um zu dem Schluss zu kommen
dass sie am besten fahren
wenn sie ihr Land an den Biogas-Heini verpachten
und sich `nen ruhigen Job suchen
außerhalb der Landwirtschaft

spätestens dann habe ich als Betriebswirtschaftler
ein Problem

und es ist soweit

sagte mein Lehrer und
sah plötzlich sehr traurig aus

Mudder macht ein

Essbare Verpackungen – hört sich ja erst mal nicht schlecht an. Wenn sie denn schmecken würden. Aber das, was ich bisher an essbaren Verpackungen zwischen die Zähne gekriegt habe, sah aus wie Pappe und schmeckte so, wie ich mir den Geschmack von Pappe vorstelle. Allerdings wäre ja auch schon viel gewonnen, wenn man das Verpackungsmaterial rückstandslos kompostieren könnte, so dass man auch das, was nicht verbraucht wird, den Stoffkreisläufen wieder zuführen könnte.

Das habe ich schon oft gedacht, wenn ich Mudder mal wieder geholfen habe, die eigentlich überflüssigen Wintervorräte einzulagern. Meine Mutter ist 1934 geboren und in harten Zeiten groß geworden. In den ersten Jahren nach dem Krieg hat sie eine Hauswirtschaftslehre gemacht. Sie hat allerhand zum Thema Vorratshaltung gelernt und verinnerlicht. Die Früchte der Natur verkommen zu lassen, ist für Mudder undenkbar.

Also wird eingekocht, was das Zeug hält, ohne Rücksicht auf Verluste. Als meine Liebste und ich vor fünfzehn Jahren auf den Hof zogen, nachdem meine Eltern aufs Altenteil weiter gerückt waren, war der Keller voll mit Wintervorräten aus dreiunddreißig Jahren – solange hatten meine Eltern auf dem Hof gelebt. Etliche Regalmeter vom Boden bis zur Decke voll mit – vor allem – Marmeladen, Apfelmus, geschälten Birnen, eingekochten Bohnen und Rotkohl. Natürlich alles ohne Etiketten. Kein Erntejahr, keine Angaben zum Inhalt. Als Birte und ich den Keller räumten, holten wir wäschekörbeweise die Früchte von Mudders Arbeit ins Freie, um sie nach allen Regeln der Mülltrennung zu entsorgen. Tagelang stand ich am Misthaufen, öffnete Gläser und teilte auf: Deckel in den gelben Sack, Inhalt auf den Misthaufen, Glas zum Altglas. Währenddessen fing Mudder an, auf dem Dachboden des Altenteils neue Vorräte anzulegen.

Jedes Jahr zur jeweiligen Erntezeit ruft Mudder mich an. Sie ist nicht mehr so gut zu Fuß und kommt die Treppe schlecht hoch. „Maddi, kannst du mir bitte die Bohnen hochbringen? Und die Birnen? Und den Honig?" Denn zu imkern haben meine Eltern auch noch begonnen. Also schleppe ich Gläser hoch. Zwischendurch denke ich: Andere Leute gehen ins Fitnessstudio, ich lagere Vorräte ein. Auf dem Dachboden stelle ich die Bohnengläser vor die Bohnengläser aus dem letzten Jahr, die ihrerseits vor den Bohnengläsern aus dem vorletzten Jahr stehen. Ebenso verfahre ich mit den Apfelmus-, den Birnen- und den Honiggläsern.

Ich habe mal versucht, mit Mudder über die Sinnhaftigkeit ihrer Vorratshaltung zu diskutieren. Zweifel daran wurden aber nicht zugelassen. „Zum Vergammeln ist das zu schade!", sagte Mudder. Also schleppe ich Gläser hoch, genau wissend, dass ich 98 Prozent davon irgendwann wieder herunter schleppen werde. Ich denke dabei an Sisyphos und dass Camus sich ihn als einen glücklichen Menschen vorstellte. Und auch mir geht es nicht schlecht dabei. Schließlich tu ich Mudder einen Gefallen.

Vor meinem geistigen Auge sehe ich mich in einigen Jahren wieder mülltrennenderweise am Misthaufen stehen. Was soll ich sagen? Wäre die Verpackung kompostierbar – ich hätte es deutlich einfacher...

Kein Feuer mehr im Display

Gerne gebe ich zu, dass ich in mancherlei Hinsicht ein wenig altmodisch bin. Beispielsweise ärgert es mich ungemein, wenn ich mit jemandem telefoniere, und ich höre meinen Gesprächspartner im Hintergrund auf seiner Computertastatur herumhacken. Weiterhin finde ich es unmöglich, dass junge Leute beim Essen in geschlossenen Räumen ihre Mützen aufbehalten, als sei die Heizung kaputt. Und ich trinke vorzugsweise Filterkaffee mit Milch, wobei es mir immer wieder eine große Freude ist, das kochende Wasser von Hand durch den Filter zu gießen und darauf zu warten, dass sich der wunderbare Kaffeeduft allmählich in der Küche ausbreitet. Jedes Mal denke ich dann: Ach, schmeckte der Kaffee doch so gut, wie er riecht. Und eine leise Melancholie erfasst mich, weil ich weiß, dass das niemals geschehen wird.

Ein Stündchen der Entspannung sieht für mich folgendermaßen aus: Ein Becher Kaffee vor mir auf dem Küchentisch, eine CD im Player, vielleicht ein wenig lesen, vielleicht ein wenig Tagebuch schreiben. Meine Güte, schon während ich das aufschreibe, höre ich Homer Simpson im Hintergrund „Langweilig!" rufen. Vielleicht hat er Recht.

Wenn ich gelegentlich nachmittags meine Arbeit auf dem Hof kurz unterbreche, um mir einen Filterkaffee zu kochen, treffe ich oft meine fünf Kinder an, wie sie nach der Schule in der Stube chillen. Kreuz und quer liegen sie auf dem Sofa; die Glotze läuft, und von den Fünfen haben bereits vier ein Smartphone am Start. Mit einem Bauernhandy, wie ich es mein Eigen nenne, spritzwassergeschützt und gülleresistent, würden sie sich nicht mehr auf die Straße trauen. Das wäre ihnen peinlich. Peinlich wie ich. Auch mit mir würden sie sich nicht mehr auf die Straße trauen. Einen Biobauern als Vater – nun ja, es gibt Cooleres auf dieser Welt.

Besonders Nora, achtzehn Jahre alt, ist eine Meisterin des Multitask-Chillens. Sie sitzt meist direkt neben dem Kaminofen auf dem Sofa, auf ihren Knien das hochgefahrene Notebook, neben sich das stetig vor sich hin summende Smartphone, und der Fernseher ist natürlich auch noch an. Schon, wenn ich das sehe, wallen in mir altväterliche Sparsamkeitsgefühle hoch. Welch eine Energieverschwendung! Dreimal Unterhaltungselektronik für ein Mädchen ganz allein! Wenn ich dann noch sehe, was da in der Glotze läuft, dann muss ich schleunigst wieder raus, um nicht richtig sauer zu werden. „Unterschichtenfernsehen!", ruft es in mir. „Oh, Pabba, chill doch mal!", sagt meine Tochter.

Da finde ich es fast beruhigend, dass auch Noras Fähigkeit, ihre Erst-, Zweit-, Dritt- und Viertscreens zu überwachen, an Grenzen stößt. Notebook, Smartphone, Fernseher: Alles im Griff. Leider schafft sie es nicht, zwischendurch mal ein Holzscheit in den Kaminofen zu schmeißen, damit das Feuer nicht ausgeht, obwohl der Ofen mit einer extra großen Scheibe ausgestattet ist, einem Riesendisplay sozusagen. Also sitzt

Nora neben dem Ofen und fängt irgendwann an zu frieren, weil das Feuer ausgegangen ist. Aus meiner Sicht gibt es nur eine Möglichkeit, solcherlei Geschehnisse zu verhindern: Der Ofen müsste Nora eine SMS senden oder wenigstens bei Facebook und What`s App posten, dass er bald ausgehen wird. Gewiss wüsste Nora dann, was zu tun sei. Keine Frage: Wir brauchen den schlauen Ofen. Smart fire. Voll der Burner, so to say.

Strohfahren

Unter mir rumpelt der gute alte Fendt und
hinter mir stampft die gute alte Welger

alle paar Sekunden katapultiert die Ballenschleuder
eine Klappe bestes Weizenstroh
nach hinten durch
auf den Gitterwagen

es ist heiß und staubig
mein Nacken juckt
und ich habe Durst

fahre mit dem Wind
blicke nach hinten
und sehe

wie eine Klappe Stroh
gegen den Wind geschleudert
von diesem gebremst wird
so dass sie
wie eine Möwe im Sturm
still und reglos zu schweben scheint
für einen Augenblick

in meinem Gesicht ein Lächeln
zwischen Schweiß und Staub
der Trecker die Presse das Stroh
die Klappe der Wind und ich

Mensch
Natur und
Technik

gemeinsam schaffen wir Schönheit
für einen Augenblick

Berlin! Berlin!
Wir fahren nach Berlin!

Als vor ein paar Jahren im Januar die erste Demo gegen Agrarindustrie und für bäuerliche Landwirtschaft in Berlin stattfinden sollte, war ich zunächst mehr als skeptisch. Klar wollte ich hinfahren, aber ich fürchtete doch, dass nur wenige dem Aufruf, nach Berlin zu kommen und für eine andere, eine bessere Landwirtschaft ihre Stimmen zu erheben, folgen würden. Als Birte und ich dann aus dem Berliner Hauptbahnhof traten und diese vielen bunten Menschen sahen, da ging mir richtig das Herz auf, und ich dachte: Ja! Ja! Ja! Scheiße noch eins, wir sind nicht allein!

Wir fingen an, uns durch die Menge zu schieben. Überall bekannte liebe Gesichter, alte Freunde, selbst solche, die sich längst aus der politischen Diskussion zurückgezogen oder vielleicht sogar resigniert hatten – alle hatten sie den Weg gefunden, und jetzt waren sie da. Schulterklopfen, freundschaftliches Knuffen, Umarmungen und eine gelöste, optimistische Stimmung. Es hatte geklappt. Hier standen 20.000 Leute – längst nicht alles Bauern, aber viele Bauern! – und zeigten, dass sie von der herrschenden Agrarpolitik die Schnauze voll hatten. Das tat gut. Und dann sah ich meinen Landini vor dem Brandenburger Tor. Ich wischte mir die Augen; ich kniff mich; ich guckte noch einmal: Er war immer noch da. Ich glaube nicht an Wunder, aber das musste eines sein.

Wochen zuvor war ich von einem langhaarigen Witzenhausener Agrarstudenten und Aktivisten für bäuerliche Landwirtschaft gefragt worden, ob ich ihm für eine Fahrt zur Demo nach Berlin einen Trecker zur Verfügung stellen könne. Ich überlegte nur kurz. Der kleine Fendt Farmer 106 S – Baujahr 1976 – hatte noch TÜV, aber weder Verdeck noch Heizung. Wäre die Jugend von heute nicht so entsetzlich verweichlicht, hätte er den gut nehmen können. Das wäre auch das richtige agrarpolitische Zeichen gewesen: angepasste Technisierung, und nicht zu schwer. Trotzdem habe ich gedacht: Der arme Junge, das kann ich nicht machen.

Der Case Maxxum 5130, Baujahr 1994, mit Kabine und Heizung, sprang im Winter immer schlecht an und hatte außerdem einen Wackelkontakt beim Licht. Der Fendt Favorit 611, Baujahr 1985, Heizung kaputt, hatte keinen TÜV mehr und würde vor der Demo auch keinen mehr kriegen. Blieb also nur der Landini Ghibli 90, Baujahr 2002. Mein jüngstes landwirtschaftliches Gefährt. Hatten meine Eltern mir damals geschenkt. Mein Vadder hatte immer gesagt, wenn er den Hof übergebe, sollte noch ein neuer Trecker mit dabei sein. Es wurde kein neuer Trecker; es wurde ein neuer Landini. Der billigste Scheiß. Aber gut, ich will mich nicht beklagen. Ich jammere auf hohem Niveau. Ich meine, wenn der Landini heil ist, dann fahre ich ihn gerne. Leider ist er nur selten heil.

Immerhin fährt er 40, hat eine Kabine und eine funktionierende Heizung. Genau das richtige für einen Ausflug in die Stadt. Ich sagte dem Studenten zu. Er freute sich. Ich hatte ihm noch nicht erzählt, dass ich ihm den Landini geben würde.

Als er dann am Tag vor der Demo bei mir ankam, machte er erst mal große Augen. Ich glaube, von dieser Treckermarke hatte er noch nie etwas gehört. Und solch ein hässliches Blau hatte er noch nie gesehen. Ich erklärte ihm den Trecker und gab letzte Instruktionen: „Wenn der Landini im Osten irgendwo verreckt: Nummernschilder abbauen, das Wrack anzünden, und nix wie weg! Dann bin ich ihn los!" Er lachte. Er dachte, das sei ein Scherz. Dann fuhr er los. Vorher hatten wir Handynummern ausgetauscht. Abends hatte ich einen Auftritt in Flensburg. Ich sagte ihm, ich würde das Telefon anlassen.

Abends, in Flensburg, erzählte ich meinem Publikum, warum ich mein Handy anlassen müsse und dass, wenn es klingele, es sicher bedeute, dass ich meinen Landini erfolgreich im Osten entsorgt hätte. Wenig später klingelte es. Riesengelächter. Ich ging ran. Der Landini laufe prima. Es gebe nur kleine Probleme. Den Osten finde der Landini beispielsweise so schön, dass er statt 40 nur noch 30 laufe. So komme die Seele wenigstens mit. Und die Türen des Landini habe man sogar ganz einfach abschließen können. Leider funktioniere das Aufschließen nicht, aber das Aufbrechen sei halb so schlimm gewesen. Ich erzählte die Neuigkeiten gleich weiter. Es war ein lustiger Abend.

Am nächsten Morgen fuhren Birte und ich mit dem ICE nach Berlin. Große Demo, grandiose Stimmung. Und dann, mitten im Gewühl, mein Landini vor dem Brandenburger Tor. Tränen der Rührung liefen mir über das Gesicht. Es klebte sogar noch Kuhscheiße am Kotflügel. Vorgestern noch in der Kuh, heute in Berlin. Ich war begeistert.

Und was soll ich sagen? Der Landini kam heil wieder zum Hof zurück und ist inzwischen zum Demoprofi geworden. Vor der letzten Landtagswahl stand er vor dem Kieler Landeshaus und hupte eine neue Regierung herbei. Nicht allein, aber er war dabei. Kaputt gehen tut er nur zuhause, unterwegs läuft er, als wäre er ein richtiger Trecker. Warum tut er das?

Ich glaube, die Antwort ist ganz einfach. Er hat eine Schwäche für große Ziele, wichtige Ereignisse und für seinen Bauern, auch wenn der mal schlecht über ihn redet. Denn im Grunde meines Herzens habe ich ihn lieb, und das spürt er wohl. In all seiner Schrottigkeit ist er doch auch ein guter Freund. Und verkaufen geht eh nicht; denn sein Restwert tendiert gegen Null. Nicht einmal ein Dieb würde ihn nehmen, nicht einmal geschenkt. Aber er hat immer noch TÜV, und die Heizung funktioniert. Was also sollte ihn stoppen?

Der Landini und ich, wir sehen uns in Berlin! Ich freu mich drauf. Gegen Agrarindustrie! Für bäuerliche Landwirtschaft! Bis zum nächsten Mal! Ab dafür!

Für P. B.

Ein Bauernpaar aus dem Nachbardorf
an der Altersgrenze
ohne Hofnachfolger
hatte per Zeitungsinserat
sein ganzes Land zur Verpachtung angeboten

ich hatte mit dem Schwiegersohn gesprochen
er sagte
man merke den Geboten deutlich an
welcher Betrieb eine Biogasanlage habe
und welcher nicht
und dass seine Schwiegereltern
das höchste Gebot akzeptieren müssten
alles andere sei Quatsch
schließlich ginge es um ihre Rente

nun
Monate danach
hörte ich
dass keiner der Biogasanlagenbetreibebetriebe
den Zuschlag bekommen habe
sondern der Nachbar
ein Bauer mit Gemischtbetrieb
Milchvieh
Futter- und Ackerbau

ganz normale Landwirtschaft also
konventionell
aber lebendig

großartig
dachte ich

es ist nicht
alles zu spät
es ist nicht
alles verloren

Bauer mit Kreditkarte

In mancherlei Hinsicht bin ich ein sehr typischer Bauer. Ich mein, ich habe große Hände, mein Schnodder ist dunkel vom Stallstaub, ich nenne drei bis vier karierte Hemden mein Eigen und ich zahle am liebsten bar. „Nur Bares ist Wahres!", hatte mein Vater oft gesagt, und wer wie ich einmal auf den ungedeckten Schecks eines dann bald pleite gegangenen Viehhändlers sitzen geblieben ist, weiß den Wert eines schönen Geldscheins durchaus zu schätzen.

Mein erster Kontakt zu einer Bank kam erst zustande, als ich konfirmiert wurde. Die Bank, bei der meine Eltern Kunden waren, schenkte mir einen Gutschein über zehn Mark, den ich nur einlösen konnte, indem ich ein Sparbuch eröffnete. Weil ich als Sohn des Bürgermeisters eine schöne Stange Geld zur Konfirmation bekam, zahlte ich sie gleich ein. Die Bank freute sich einen Ast.

Bis ich einundzwanzig war, hatte ich kein Girokonto. Solange ich zur Schule ging, kriegte ich nicht mal ein regelmäßiges Taschengeld. Wenn ich Patte brauchte, musste ich Mudder anbetteln, oder ich musste arbeiten, wofür ich dann bar bezahlt wurde. Wollte ich abends mal ins Kino, klaute ich mir was vom Milch- und Eiergeld aus der Kaffeetasse im Küchenschrank. Sogar während meiner landwirtschaftlichen Lehre bekam ich den Lohn bar Kralle ausgezahlt. Trotzdem gehörte „Bargeldloser Zahlungsverkehr" zum Stoff der Berufsschule, und wir schrieben eine Klassenarbeit, in welcher wir Muster-Überweisungsträger ausfüllen mussten. Was soll ich sagen: Mir war dieser Kram suspekt. Erst als Zivi beim Diakonischen Werk musste ich ein Girokonto eröffnen. Sonst, so wurde mir gesagt, könnten sie mich nicht bezahlen. Und auf die Kohle wollte ich nicht verzichten. Trotzdem fehlte mir zum Nachvollziehen finanzieller Transaktionen oft die überbordende Phantasie, und die Art und Weise, wie mein erster Lehrling Spezi sich das Überweisen seiner Lohnzahlung von meiner Bank zu seiner Bank vorstellte – die Banken liegen beide in Wankendorf am Marktplatz, und Spezi dachte, ein Bankangestellter meiner Bank nähme eine Tüte voll Geld aus meinem Konto, einer Art Schublade, stopfe es in eine Tasche und trüge es rüber zu Spezis Bank und schütte es dort in Spezis Kontoschublade – fand ich nicht in erster Linie naiv, sondern eher rührend, entsprach sie doch jenem Bild in meinem Kopf, an das ich gerne glauben wollte. Wäre das Realität: wie viele Milliarden Geldboten bräuchte man, und vom Problem der Arbeitslosigkeit hätte man noch nie gehört.

Anfang der Neunziger bekam ich dann meine erste EC-Karte. Überall mit meinem Kärtchen Geld holen zu können – solange was auf meinem Konto war – fand ich faszinierend. Stolz bewahrte ich alle Kontoauszüge auf, und die Ausdrucke der Transaktionen ergaben ein Bewegungsbild von mir, aufschlussreicher als die Stempel im Reisepass. Lange Zeit dachte ich: Was zum Teufel soll ich mit einer Kreditkarte? Ich komm doch auch so durchs Leben. Als meine Liebste und ich vor zehn Jahren in den USA waren, hatten wir Traveller Checks dabei. Die Frau in der Bank in Madison, Wisconsin hatte so etwas noch nie gesehen. Sie guckte mich an, als sei ich ein geistig zurückgebliebener Gangster. Dann telefonierte sie mit der Zentrale und sagte mir anschließend: „We won`t cash them!" Zum Glück konnte ich an den Geldautomaten mit der EC-Karte Patte holen, sonst wären Birte und ich aufgeschmissen gewesen.

Das erste Mal, dass ich mich ärgerte, keine Kreditkarte zu haben, war, als Birte und ich in einem Großstadthotel absteigen wollten. Da keiner von uns eine Kreditkarte besaß, mussten wir hundert Euro Kaution hinterlegen, die erst bei Abreise wieder ausgezahlt wurde. Das fand ich diskriminierend; gleichzeitig machte es mich ein wenig stolz, weil ich dachte: Hey, vielleicht halten sie mich für Keith Moon, den legendären hotelzertrümmernden Drummer von The Who. Angeblich hatten die Hotels damals einen Alarmknopf, neben dem stand: „In case of Keith Moon, press this button!" Aber der Drummer war seit dreißig Jahren tot, und den Gegenwert von hundert Euro hätte er wohl selbst an einem schlechten Tag innerhalb von drei Sekunden mit links zerschreddert.

Vor einem Jahr beantragte ich schließlich eine Kreditkarte, aber nur unter Protest. Und ich habe sie tatsächlich schon gebraucht. Denn als die Liebste und ich in diesem Jahr in Costa Rica weilten, gab es mit der EC-Karte keine Kohle, nirgends. Also zückte ich die Kreditkarte. Es ging total einfach, und ich kam mir vor wie ein stinkreicher Lebemann. Das dicke Ende kam erst Wochen später, als ich die Abrechnung in Händen hielt. Ich hatte wohl etwas die Übersicht verloren.

Hallig Langeneß

Wie immer war ich spät dran
als ich in Dagebüll ankam

Rolf hatte auf mich gewartet
am Lorenbahnhof
um mich mitzunehmen
nach Hallig Langeneß

als wir auf dem schmalen Damm
hinüberratterten
ging über dem Wattenmeer die Sonne unter

die Nase hielt ich in den Wind
atmete tief ein und spürte
dass mein Herz langsamer und sorgfältiger
zu schlagen begann

ich bewunderte den Himmel
nirgends gibt es so viel davon
wie hier
diese Farben
dieser Duft
und alles umsonst

und während ich mich mit Rolf
gegen den Lärm der Lorenbahn
brüllend unterhielt
wurde mir klar
dass es unzählige Leben gibt
die zu leben es sich lohnt

Markteinführung

Nie werde ich den Tag vergessen, als ich nach Hamburg musste, zur feierlichen Markteinführung einer Biomilch mit meiner Fresse drauf. Niemals hätte ich gedacht, dass es Sinn machen würde, ausgerechnet mein Mutantenface auf eine Verpackung zu drucken, um den Verkauf anzukurbeln, aber genau so war es gekommen.

Eine Einzelhandelskette wollte Biomilch von unserer Biomilch-Erzeugergemeinschaft vertreiben. Regional sollte sie sein, und zur Identifikation mit der Region sollte einer von uns gemeinsam mit einer seiner Kühe auf der Milchpackung abgebildet werden. Außerdem sollte er bereit sein, gelegentlich Mitarbeiter und Kunden der Einzelhandelskette über seinen Hof zu führen. Als wir das auf unserem Bauerntreffen besprachen, drehten sich seltsamerweise alle zu mir und guckten mich so komisch an. Und sagten Sätze wie: „Och, von dir gibt es doch sowieso schon Fotos! Und sabbeln kannst du auch! Mach du das doch!"

Und in der Tat zeige ich den Leuten gerne meinen Hof. Immer, wenn ich mit einer Besuchergruppe auf unserem Berg steh, welcher eher ein sanft ansteigender Hügel ist, unter meiner Hainbuche, und wir gucken übers Depenauer Moor, dann spüre ich, wie die Energie dieses Ortes in die Menschen strömt und in ihnen herumrührt, und immer hoffe ich, dass etwas in Bewegung kommt, dass die Leute anders von meinem Hof wieder weggehen, als sie gekommen sind. Auf Hofführungen habe ich Lust, also sagte ich ja.

In den Tagen nach der Versammlung sandte ich der Marketingabteilung der Einzelhandelskette ein Foto von mir und meiner hornlosen Kuh Fritsla, einträchtig auf einer Weide stehend, sie in meinem Arm. Als ich wenige Wochen später das Milchtütenmusterstück zur Begutachtung bekam, traute ich meinen Augen kaum: Fritsla hatte Hörner bekommen! Dank Fotoshop sogar besonders riesige, geradezu grotesk überdimensionierte Exemplare, Marke Texas Longhorn. Ehrlich entrüstet rief ich bei dem zuständigen Marketingmacker an. Ja, sagte er, sie hätten schon mal probiert, einen Biobauern mit hornloser Kuh auf einer Milchtüte abzubilden, daraufhin sei die Konsumentenkommunikationszentrale des Unternehmens von Tausenden und Abertausenden von Anrufen geradezu überschwemmt worden, die Leute hätten sich beschwert, die Kuh auf dem Foto könne keine Biokuh sein, die habe ja keine Hörner. Deshalb würden sie nur noch Fotos von Kühen mit Hörnern verwenden. Ich regte mich auf: „Wenn die meinen, eine Biokuh muss Hörner haben, denn haben die keine Ahnung! Dann muss man ihnen die Wahrheit erzählen, statt ihnen was vorzuspielen!" „Im Prinzip schon", gestand der Marketingmacker ein: „Aber wir schaffen das nicht. Außerdem ist die Tüte schon fertig produziert." Also gab ich klein bei, wollte auch nicht gleich rumzicken, lasse aber keine Gelegenheit aus, bei allen Hofführungen das leidige Hornthema in aller Ausführlichkeit zu erläutern.

171

Noch vor der Markteinführung kam eine Busladung voller Mitarbeiterinnen der Einzelhandelskette auf unseren Hof, um sich anzugucken, wo die Milch herkommt. Meine Tochter Marie hatte etliche Kuchen gebacken, es gab Kaffee, Tee und Milch; es war eine schöne Stimmung, und spätestens, als wir auf die Kuhweide gingen und ich mich vor dem Zaun hinkniete, um mittels meines Hirtenstabes den Stromdraht runter zu drücken, damit die Damen leicht drüber steigen konnten, hatte ich sie im Sack, und während wir dann als großer Pulk mit Gummistiefeln in allen Farben und Formen über die Weide schlurften, fühlte ich mich wohl. Mein Hof, meine Kühe, meine Frauen. Ich kam mir vor wie King Kacke. Als der Bus später vom Hof fuhr, stand die ganze Familie auf dem Hof und winkte zum Abschied, und alle Frauen winkten zurück.

Dann kam der Tag der Markteinführung. Ich sollte in einem riesigen Einkaufszentrum in der großen großen Stadt die neue Milch ausschenken. Bevor ich zuhause losfuhr, entschied ich mich gegen das karierte Oberhemd und zog stattdessen ein dunkelblaues, langärmeliges T-Shirt an. Bauer in der Stadt im karierten Hemd, das ist zu viel der Klischees, dachte ich. Als ich das Einkaufszentrum betrat, sah ich schon von weitem, wo die Aktion starten sollte. Dort stand eine unglaublich hässliche Gummikuh, natürlich mit Hörnern, und um sie herum wuselten vier bis sieben junge studentische sexy Landmädel-Imitatorinnen mit geblümten Blusen, karierten Kitteln und gestreiften Kopftüchern. Sie waren von einer Agentur zum Milchausschenken geschickt worden und sahen exakt so aus, wie tagträu-

mende Marketingmacker meinen, dass sich die Stadt-
bevölkerung junge Frauen vom Land vorstellt. Es war
zum Schießen. Der Marketingstratege begrüßte mich
– natürlich trug er ein kariertes Hemd – und ich konnte
mir ein Grinsen nicht verkneifen, obwohl ich es auch ein
wenig traurig fand; schließlich ist die Welt meist nicht
so, wie Marketingexperten das glauben. Nicht einmal
das Leben auf dem Lande ist so, wie Marketingexperten das glauben, und ich war sehr froh, kein kariertes
Hemd angezogen zu haben. Ich war ein Rebell, ein dicker Stachel im Fleisch der Bestie namens Marketing.
Tapfer schenkte ich Milch aus, beantwortete Fragen
und sagte die Wahrheit. Trotz allen Widrigkeiten war
es nicht schlecht; ich hatte Spaß, und ich glaube, wann
immer Bauern in die Stadt fahren und mit Menschen
sprechen, kommt etwas Gutes dabei heraus. Was auch
immer die Marketingmacker rundherum für einen Zir-
kus veranstalten. Immerhin hatten sie mir keine Hörner angepappt. Das hätte noch gefehlt.

Moderne Technik

Neben der Bundesstraße nach Kiel
im Vorbeifahren
sah ich ihn

auf einer kleinen Wiese
frisch gemäht
vielleicht ein halber Hektar
also eine Tonne oder
auch zwei Morgen
mit einem Teich in der Mitte
und zwei Strommasten
kurvte er herum
mit einem nagelneuen Fendt Vario
und einem Vier-Kreisel-Schwader dahinter
um das Gras zur Ernte
in einer Reihe zusammen zu rechen

hinter den getönten Scheiben
erhaschte ich kurz
über dem kälberkackfarbenen Overall
mit dem Logo des Lohnunternehmens
einen Blick auf sein Gesicht

es sah verzweifelt aus und unwillkürlich
musste ich grinsen

es geht nichts über
moderne Technik
den Bedingungen vor Ort
optimal angepasst

gern hätte ich noch
das Eintreffen der Häckselkette abgewartet
und gesehen
wie der Häcksler das Schwad aufnimmt
und das Erntegut über den zu dicht daneben
fahrenden Abschiebewagen hinweg
in den Teich bläst

aber ich musste
kopfschüttelnd und leise lächelnd
weiter Richtung Kiel

Mein Freund Dieter
und sein Saab

Ende der Neunziger, ungefähr zu der Zeit, als ich mir für den Hof einen 15 Jahre alten Kasten-R4 zulegte und infolgedessen plötzlich erlebte, wie viel Spaß Auto fahren machen kann, da verschrottete mein bester Freund Dieter seinen Golf. Er war auf dem Heimweg von seiner Arbeit im Ländle mitten in der Nacht in den Kasseler Bergen auf einen LKW aufgefahren. Den Golf ließ er gleich von einem Schrotti wegholen, kam irgendwie heim und kaufte sich am nächsten Tag einen gebrauchten Saab 900 i, Baujahr 1992. Seitdem ist Dieter begeisterter Saab-Fahrer, obwohl er weder Arzt noch Rechtsanwalt oder Philosoph ist. Wenn man ihn auf sein Auto ansprach, leuchteten seine Augen voller Zuneigung, Begeisterung und – man kann es nicht anders ausdrücken – Liebe. Er rief: „Allein die Heimatstadt: Trollhättan! Klingt das nicht märchenhaft, nach süßen Zwergen und lieblichen Feen?" Und er schwärmte von der Sicherheit des Schwedenstahls, von der wegweisenden Technologie der Ziehharmonikastoßstange und der perfekten Straßenlage, die ein perfektes Dahingleiten, ja, ein Schweben ermögliche. Er sagte: „Sobald ich in diesem Auto sitze, fällt jeder Stress von mir ab, und alles ist gut." Dieter hat ganze Urlaube in seinem Saab verbracht, denn im Kofferraum und auf den umgeklappten Rücksitzen lässt es sich vorzüglich schlafen. Auf diese Weise hat er Irland bereist. Jahre später sang seine Lieblingssängerin Tori Amos darüber: „Driving in my Saab on my way to Ireland..." Dieter war entzückt.

Knappe zehn Jahre war mein bester Freund mit seinem weißen Saab wie verwachsen. Als er 2008 nicht mehr über den TÜV kam, hatte er 441552 Kilometer auf der Uhr, und das ist für einen Benziner eine beachtliche Strecke. Dieter kaufte sich einen etwas besser erhaltenen Wagen gleichen Typs und gleichen Baujahres, diesmal in Dunkelblau. Er fragte, ob er den alten als Ersatzteileträger bei mir in der Maschinenhalle abstellen könne. Ich hatte zwar nicht wirklich Platz, aber ich sagte zu. Ich weiß, wie schlimm es ist, sich von seinen alten Autofreunden trennen zu müssen. Wie Neil Young hätte ich am liebsten einen großen Auto- und Treckerfriedhof auf meiner Ranch, auf welchem die alten Lieblinge ganz in Ruhe ihrem Verschwinden entgegenrosten könnten. Jederzeit könnte ich sie dort besuchen, ihren abblätternden Lack streicheln und nostalgischen Gedanken nachhängen. Und für die alten Autos meines besten Freundes wäre bestimmt auch noch ein Plätzchen frei.

In meiner Halle steht also nun ein weißer Saab, meistens im Weg. Beide Spiegel habe ich ihm abgefahren, und auf Dach und Frontscheibe fiel mir einmal ein Strohrundballen. Doch so demoliert er auch ist, gelegentlich bauen Dieter und ich noch immer Teile aus. Erst neulich brauchten wir ein Teil aus dem Motorraum und mussten dafür zunächst eine deutlich empörte Rattenfamilie verscheuchen. Dieter kreischte wie eine Opernsängerin, aber als er sich beruhigt hatte, demontierten wir das benötigte Teil für seinen neuen Saab, der inzwischen auch schon ordentlich Angst vor dem TÜV haben muss. Zwar hat er erst 321712 Kilometer runter, und der Motor ist top, aber der Vorbesitzer lebte an der Nordsee, und die salzige Luft dort hat den Schwedenstahl vorzeitig altern lassen. Noch hält der Rost, aber Dieter guckt schon im Internet nach einem neuen Saab 900 i, gleicher Typ, gleiches Baujahr. Noch vor dem Einstieg von General Motors. Das war in Dieters Augen der Sündenfall; damit begann der Niedergang. „Man kann aus einem Saab keinen Opel machen.", sagte Dieter. Wie es aussieht, hatte er Recht.

Also schaffe ich schon mal Platz in der Halle, in welcher ich wohl bald zwei alte 900 i als Teileträger herumstehen haben werde. Es wird mir eine Ehre sein.

Nachschrift

Inzwischen ist die Firma Saab ebenso Geschichte wie Dieters dunkelblauer Saab 900 i. Wie immer hatte Dieter sein Auto morgens vor Arbeitsbeginn auf dem Parkplatz seiner Firma abgestellt. Dort, auf dem Parkplatz, war dann ein Azubi mit seinem Kleinwagen beim Ausparken von einem vorbeifahrenden Laster einmal an Dieters Saab entlang geschoben worden. Dieter heulte fast, als er mir die Schätzwerte des im Auftrag der Versicherung tätigen Gutachters mitteilte: Zeitwert 1500 Euro, Reparaturkosten 3500 Euro, Restwert 40 Euro. Vor allem der Restwert seines Wagens empörte Dieter: „40 Euro!!", jaulte er: „Allein mein Radio ist das dreifache wert!"

Es half alles nichts. Dieters Saab war schrott. Und alle Saab 900 is, selber Typ, selbes Baujahr, auf dem Gebrauchtwagenmarkt waren entweder billig und abgewrackt oder aber bestens restauriert und unerschwinglich teuer. In seiner Not kaufte Dieter nunmehr einen Volvo Kombi, Baujahr 1999, seine zweite Wahl, was skandinavische Individualistenkutschen anbetrifft. Plötzlich hatte also der inzwischen mittelschwer deformierte weiße Saab 900 i in meiner Maschinenhalle als Teileträger ausgedient, und schweren Herzens beschlossen Dieter und ich, es sei an der Zeit, Abschied zu nehmen. Wir räumten ihn frei, verscheuchten die Rattenkolonie, welche nun wahrscheinlich obdachlos durch die Lande streicht, entsorgten die kaputte Frontscheibe, pumpten die Reifen auf und schleppten ihn mit meinem Pickup-Truck zum ortsansässigen KFZ-Meisterbetrieb, der ihn an den Schrotti weiterverscherbeln wollte. Langsam, ganz langsam rollten wir durchs Dorf, und still, ganz still rollten Dieter die Tränen des Abschieds über die Wangen. Vielleicht war es aber auch nur der enorme Fahrtwind, der ihm nunmehr ungehindert in die Augen fuhr.

Auf dem Hof des KFZ-Meisterbetriebes sagten wir nun leise Servus. Ein Bekannter fuhr vorbei und rief: „Oh, Maddi, verkaufst du deinen Hühnerstall?", und ich antwortete: „Nö. Wir lassen den Wagen restaurieren! Nur vom Feinsten!"

Eins ist klar: Für den nicht sehr wahrscheinlichen Fall, dass ich den Nobelpreis für Literatur kriege, habe ich der Liebsten versprochen, dass ich ihr eine Reithalle bau. Dabei bleibt es auch; ein Mann, ein Wort. Aber

ein restaurierter Saab 900 i, Baujahr 1992, für meinen
besten Freund Dieter – der muss einfach auch noch
drin sein!

Melken

Oft werde ich gefragt, ob ich tatsächlich noch Bauer bin, und noch öfter, ob ich tatsächlich noch melke, und erst neulich kam ein Bauer nach einem Auftritt zu mir nach vorne und forderte mich auf, ihm meine Hände zu zeigen. Auf Platt heißt das: „Wies mi mol diene Füß!", und ich hielt sie hoch und drehte sie im Licht. Kritisch meinte der Bauer: „Aver so richtige Buernfüß sünd dat jo nich! Aver ik will dat mol gelten laten!", und er trollte sich wieder.

Natürlich bin ich noch Bauer, und natürlich melke ich. Nicht jeden Tag, aber fast jeden. Und anders als viele andere Bauern liebe ich das Melken. Oft, wenn ich mit Bauern spreche, höre ich den Satz: „Melken deit Mudder. Ik mok den Rest." Oder man hat einen Melker oder einen Melkroboter. Es ist einmal so: Entweder man liebt das Melken, oder man liebt es nicht. Ich liebe das Melken, und ich kann mir das Leben ohne Melken gar nicht vorstellen. Es gehört einfach zu meinem Leben, zu mir dazu, so wie atmen, essen, trinken, verdauen, schlafen und die Liebste lieben.

Ich mein, was soll ich als Bauer denn machen, morgens, wenn ich keine Kühe zum Melken hätte? Da lohnt sich das Aufstehen doch gar nicht. Dann sitzt du da und stierst in deinen Kaffee, und hinterher kannst du mit deinem Köter gehen und ihm beim Scheißen zugucken. Das ist doch auch kein Leben. Da melke ich lieber. Das strukturiert meinen Tag so angenehm, und ich habe niemals Langeweile. Ich komme mir nicht nutzlos vor. Und egal, was los war an diesem Tag, ob es ein beschissener Tag war oder ein wunderbarer, eins ist gewiss: Morgens wird gemolken, und abends wird gemolken. Gleich, ob einer gestorben ist, ob einer geboren wurde, ob einer geheiratet hat oder sich scheiden lässt: Gemolken wird immer. Das ist manchmal eine Last und manchmal ein Glück, aber es ist die Wahrheit. Das Leben geht weiter. An nichts anderem wird das so deutlich wie an der Notwendigkeit zu melken, wenn du Kühe hast.

Und Melken bringt mich runter, auf den Boden der Tatsachen. Erdet mich. Ich muss mich zusammenreißen und im Melkstand ankommen. Das Melken lässt sich kaum beschleunigen. Es braucht seine Zeit, und immer, wenn ich melke, spüre ich, wie es mich besänftigt, wie es mich entschleunigt und entspannt. Andere gehen zum Yoga; ich melke. Und wenn ich dann mitsamt meiner Seele im Melkstand angekommen bin, dann nimmt die Wärme der Kühe mich mit, ihr regelmäßiger Atem trägt mich fort und ihr stoisches Wiederkäuen regt mich an, auf eine unspektakuläre, bescheidene Weise, und es dauert nicht lange, und mir kommen die besten Ideen. Jedenfalls die besten, zu denen ich fähig bin. Das mag nicht viel sein, aber es ist etwas, es ist besser als nichts.

Ohne das Melken hätte ich vielleicht nie mit dem Schreiben angefangen. Ich habe dem Melken viel zu verdanken. Und ich will weiter melken. Hoffentlich tu ich das noch lange.

Bibliographische Notiz

Viele dieser Texte sind zuvor, zum Teil leicht bearbeitet, in der monatlich erscheinenden, äußerst lesenswerten „Unabhängigen Bauernstimme" erschienen, so etwa: Die Treibjagd, Auf der anderen Seite des Zaunes, Endlich erwachsen, Schwadratzbrobradda, Scheiß-Bauernparty, Berlin! Berlin! Wir fahren nach Berlin!

Folgende Texte sind zuvor, in der Regel redaktionell bearbeitet, als Kolumne „Grünland" (inzwischen leider untergepflügt) in der „Taz" erschienen: Mudder macht ein, Bauer mit Kreditkarte, Mein Freund Dieter und sein Saab, Wir Bierbanausen, Kein Feuer im Display

Folgende Texte sind zuvor, zum Teil leicht bearbeitet, als „Dorfgeschichten" in der „Tina Land und Leute" (kein Witz!) erschienen: Ein warmes Erntebier, Baby Baum und Papa Baum, Frühling, endlich Frühling, Das Mittsommernachtskalb, Über Land

Der Rest wurde eigens für dieses Buch geschrieben.

Alle Texte sind frei erfunden. Ähnlichkeiten zu Tatsächlichem sind reiner Zufall und nicht beabsichtigt.

VERLAG

ABL Bauernblatt Verlags GmbH
Bahnhofstraße 31
59065 Hamm
Telefon 02381/492288
Fax 02381/492221
email: verlag@bauernstimme.de
Internet: www.bauernstimme.de

Satzherstellung: Vera Thiel (verantw.), Anissa Noll
Umschlaggestaltung: Anna Lübsee, Siebeneichen
Druck: Druck Thiebes GmbH, Hagen

Edition Bauernstimme
ISBN: 978-3-930 413-56-0
1. Auflage, 3000
Hamm, November 2013